William Stadel

Stasi Verflechtungen

William Stadel

Stasi Verflechtungen

Nach dem Berliner Mauerfall/Wiedervereinigung beginnt eine Liebesgeschichte mit dramatischen Ereignissen ......

Goldene Rakete Verlag für Belletristik

Imprint

Any brand names and product names mentioned in this book are subject to trademark, brand or patent protection and are trademarks or registered trademarks of their respective holders. The use of brand names, product names, common names, trade names, product descriptions etc. even without a particular marking in this work is in no way to be construed to mean that such names may be regarded as unrestricted in respect of trademark and brand protection legislation and could thus be used by anyone.

Cover image: www.ingimage.com

Publisher:
Goldene Rakete Verlag für Belletristik
is a trademark of
International Book Market Service Ltd., member of OmniScriptum Publishing Group
17 Meldrum Street, Beau Bassin 71504, Mauritius

Printed at: see last page
ISBN: 978-620-2-44391-3

STASI - VERFLECHTUNGEN

(von Jakob W. Stadel – 2018)

Frank, so nannten mich meine Jugendfreunde, obgleich Karlheinz mein Vorname ist. In Bayern, in Freising, bin ich geboren und habe dort meine Schulzeit bis zum Abi wohlbehütet und ohne erwähnenswerte Vorkommnisse verbracht. Obwohl meine schulischen Leistungen nicht immer die besten waren, war ich selbst zufrieden, denn schließlich war der zeitliche Einsatz gemessen am erzielten Ergebnis noch recht ordentlich. Ich war nicht unbedingt Vaters Liebling, denn als Staatsdiener im gehobenen Dienst hatte er ganz andere Vorstellungen, wie sich ein junger Mensch auf sein künftiges Erwachsenenleben vorbereiten sollte. Dafür liebte mich meine Mutter um so mehr, sie hielt mir stets den Rücken frei für meine sportlichen Aktivitäten wie: Tennis, Fußball, Judo, Drachenfliegen usw., ja es gab kaum etwas was ich damals nicht ausprobiert hatte.

Murrte mein Vater mal wieder wegen meiner zeitintensiven Freizeitgestaltung, dann lautete der Lieblingsspruch meiner Mutter: Nur in einem gesunden Körper wohnt ein wacher Geist.

Opa und Oma mütterlicherseits waren mir ebenfalls sehr zugetan und versorgten mich mit üppigem Taschengeld. Vielleicht lag es auch mit daran, dass ich meiner Mutter wie aus dem Gesicht geschnitten ähnlich sah, und weil ich die Ferien immer bei ihnen auf dem Bauernhof verbrachte.
Ständig waren da alte Landmaschinen zu reparieren, und diese hatten es mir letztlich angetan, dass ich die Leidenschaft zu meinem heutigen Beruf als Elektroingenieur entdeckte. Dass ich dann zum Studium nach Berlin ging, war eher Zufall, aus einer fixen Idee heraus geboren und nach der ABI – Klassenfahrt in Westberlin entstanden. Diese Großstadt hatte mich gleich in ihren Bann gezogen, so, dass ich, kaum von der Reise zurück, meine Bewerbung für ein Studium an der Technischen Universität

Berlin einreichte. Nun gut, ich gebe zu, da war auch noch eine unerwiederte Jugendliebe, die mir den Abschied nicht zu schwer machte.
Seither bin ich Wahlberliner und komme nur noch gelegentlich zu wichtigen Familienfesten, oder manchmal im Winter zum Skifahren in meine bayerische Heimat. Heute, bin ich bereits sechs Jahre mit Iris verheiratet. Wir haben eine 5-jährige Tochter, Tamara, sie ist unser kleiner Liebling und natürlich mein ganzer Stolz. Ich habe eine gute Arbeitsstelle bei Siemens und wir besitzen alles was eine junge Familie so braucht, um glücklich zu sein. Eine schuldenfreie Eigentumswohnung, schicke Möbel, ein neues Auto, und jeden Tag freute ich mich nach der Arbeit auf meine beiden Lieben. Doch der allerschönste Tag in der Woche war immer der Samstagvormittag, denn der gehörte allein meiner kleinen Tamara und mir. An unserem letzten gemeinsamen Samstag hatten wir uns wie gewöhnlich nach dem Frühstück auf den Weg zum Ernst-Thälmann-Park gemacht.

Tamara hatte dort ihren Lieblingsspielplatz und die Kinder aus der Nachbarschaft warteten meistens schon auf uns. Alle hatten sie die kleine Tamara ins Herz geschlossen und waren ganz verrückt nach ihr.
Sie spielten Ball, spielten Verstecken und fröhliches Kinderlachen durchdrang den Park. Ich saß derweilen auf „meiner" Parkbank, las die mitgebrachte Tageszeitung und schaute immer mal wieder über den Rand hinweg nach den Kindern.

Doch an diesem verfluchten Vormittag klingelte mein Handy. Ein Arbeitskollege aus der Firma rief an. Wegen des Lärms war ich aufgestanden und entfernte mich einige Meter, stellte mich hinter einen dicken alten Kastanienbaum und telefonierte.Minutenlang war ich so im Gespräch vertieft, dass ich nicht hörte, was sich hinter meinem Rücken zutrug. Erst als das Gespraech zu Ende war vernahm ich die entsetzlichen Schreie der Kinder. Ich rannte los, ueber den Rasen, hinueber zu den Straeuchern woher die Schreie kamen, und dann sah ich ……

Die kleine Tamara lag am Boden und ein grosser Kampfhund stand ueber ihr. Er hatte mit seinem Maul ihren kleinen Hals umschlungen und schüttelte und zerrte sie. Ich stürzte mich auf die Bestie, schlug mit den Fäusten auf ihren Schädel, trat sie mit den Füßen,
doch je mehr ich auf sie einschlug, umso wilder zerrte sie. Es gelang mir nicht, Tamara aus ihrem Maul zu befreien.

Plötzlich ertönte ein lang anhaltender Pfiff aus einer Trillerpfeife. Wie auf Kommando ließ die Bestie von Tamara ab und rannte in die Richtung davon, aus der das Pfeifen gekommen war.

„Tamara! Bitte bitte, Tamara so sag doch was!“, schrie ich. Doch sie antwortete nicht. Ich hob sie vom Boden auf, ihr Hals war zerfetzt und ihr blutüberströmter Kopf hing kraftlos zur Seite. Verzweifelt versuchte ich die

Blutung zu stillen, doch es gelang mir nicht.
Tamara schaute mich nur mit weit aufgerissenen Augen an, so als wollte sie sagen:
„Papa, warum hast du mich nicht vor diesem bösen Hund beschützt?“
Doch ich war nicht da, hatte nicht auf sie aufgepasst.

Ich weiß nicht wer die Polizei und den Krankenwagen gerufen hatte, plötzlich standen diese Leute neben mir. Ich hörte sie sagen: „Lassen Sie doch endlich ihre Tochter los, wir wollen doch nur helfen.“

Dann nahmen sie mir Tamara aus dem Arm und fuhren mit ihr weg. Ein junger Polizist blieb bei mir und überhäufte mich mit Fragen:
„Wie ist das passiert?“
„Was war das für ein Hund?“
„Welche Rasse?“
„Wie sah er aus?“

„Ja woher soll ich denn die Rasse kennen!“ schrie ich zurück. „Ich weiß nur, es war ein großer weißer Kampfhund mit schwarz-weiß geflecktem Kopf und rechts fehlte sein halbes Ohr."

Auch ein Polizeipsychologe war nun eingetroffen und kümmerte sich um mich, er brachte mich dann auch nach Hause. Behutsam versuchte er Iris zu erklären, was im Park passiert war. Doch Iris war gleich ausgerastet. Sie schlug auf mich ein und schrie mit überschlagener Stimme: „Es ist deine Schuld! Du bist für ihrenTod verantwortlich!"

Der Polizeipsychologe hielt sie fest, versuchte sie zu beruhigen.
„Aber Frau Frank, ihr Mann konnte es nicht verhindern, kein Mensch hätte das gekonnt. Sie tun ihm Unrecht, sehen Sie denn nicht wie er leidet."

Doch Iris ließ sich nicht beruhigen, sie rannte ans Telefon, wählte und schrie in den Hörer:
„Vati! Vati! Komm schnell, Tamara! Ein Hund hat Tamara totgebissen!"

Es dauerte keine zehn Minuten, da stand mein Schwiegervater in der Tür.
Er deutete auf mich und brüllte los: „Ja, sag wo warst du denn? Wieso hast du nicht aufgepasst!?“

„Ich hab´s nicht gesehen, ich hab telefoniert, mit einem ……..“

„Du hast was! Du hast zugelassen, dass diese Bestie unsere Tamara totbeißt.
Ja, was bist du nur für ein Vater? Weißt du, was du in meinen Augen bist? Du! Du bist ein Feigling! Ein Versager bist du in meinen Augen!“

Das Verhältnis zwischen meinem Schwiegervater und mir war noch nie gut gewesen. Wenn ich so an die Anfangszeit zurückdenke; an den November 1989, wenige Tage nachdem die Mauer „fiel“ und ich Iris kennenlernte. Eigentlich war es die Zeit, wo wir alle im Freudentaumel waren, und man sich wie im „siebten Himmel“ fühlten konnte.

Iris war mit zwei Freundinnen auf dem Kurfürstendamm unterwegs und wir sind uns vor dem Eingang vom KaDeWe begegnet.
Wir lächelten uns an und für mich war es „Liebe auf den ersten Blick“. Spontan hatte ich die Mädchen dann zu Kaffee und Kuchen eingeladen und von da an sah ich Iris fast täglich.
Vier Wochen später stellte Iris mich dann ihren Eltern vor. Gleich da hatte ich so ein komisches Gefühl, dass ihr Vater über mein Erscheinen alles andere als erfreut war. Doch ich verdrängte es, ich war viel zu verliebt und dachte, dass alle Väter sich so verhalten.

Wo man in diesen Tagen und Wochen auch hinkam, überall wurde über die Zukunft Deutschlands gesprochen und jeder freute sich über die täglichen politischen Veränderungen. Aber nicht mein zukünftiger Schwiegervater, der verhielt sich zu dieser Zeit merkwürdig still. Er hatte auch wenig Lust mit, mir über Politik zu reden.

Ich erinnere mich: bei meinem ersten Antrittsbesuch wollte er wissen, was ich beruflich mache, was ich verdiene und warum ich denn ausgerechnet von Süddeutschland nach Berlin gekommen bin.

Ein halbes Jahr später zogen Iris und ich zusammen. Unweit von ihren Eltern hatten wir eine kleine Zweiraumwohnung gefunden. So trafen wir uns jetzt häufiger mit ihren Eltern , und mit deren Freundeskreis, zum Kaffee und zum Plausch.

Es blieb mir natürlich nicht verborgen, dass meine Schwiegereltern und ihre Freunde wohl zu dem Personenkreis zählten, die sich am wenigsten über diese Wiedervereinigung freuen konnten, denn als SED-Parteimitglied in gut situierter Stellung, (genaueres hatte man mir nie erzählt), wurde mein Schwiegervater im Frühjahr 1991 aus seinem Amt entlassen. Ich konnte daher gar keine andere Reaktion von ihm erwarten.

Letztlich akzeptierte ich ihn wie er war, schließlich wollte ich nicht mit ihm ins Bett, und die politischen Themen, die man täglich im Radio und im Fernsehen auf allen Kanälen diskutierte, die blendeten wir einfach aus wenn wir uns trafen.
Wir versuchten uns aus dem Weg zu gehen, und das funktionierte auch einigermaßen, bis zu dem Tag, als er mir diesen „tollen Vorschlag" machte:
Er wolle einen alt eingeführten Elektrobetrieb übernehmen und er könne sich sehr gut vorstellen, dass ich als Juniorpartner bei ihm einsteige.
Natürlich war ich nicht angetan von seinem Angebot, denn erstens hatte ich einen guten Job bei Siemens
und zweitens hatte ich nicht vor, mein angespartes Geld, vom dem er wohl von Iris erfahren hatte, in seinen künftigen Betrieb zu stecken. Und die Umsatzzahlen, die der Vorgänger mit diesem „Tante- Emma-Laden" bisher erwirtschaftet hatte viel zu gering waren, um davon zwei Familien zu ernähren.

Trotzdem machte ich mir die Mühe und schaute mir die letzten drei Jahresumsätze nochmals genauer an.

Doch danach riet ich meinem Schwiegervater, diesen Betrieb nicht zu übernehmen. Seit dieser Zeit war Schluss mit unserer Freundschaft, und er ließ nichts unversucht, Iris und mich auseinanderzubringen. Ja, sogar einen Tag vor der standesamtlichen Trauung versuchte er noch, Iris einzureden, dass ich nicht der Richtige für sie sei.

„Wie kannst du nur diesen Wessi heiraten wollen? Der hat doch keinen Mumm! Das ist doch ein Weichei, ein Hasenfuß!"
Ich wusste ja warum er auf die Wessis nicht gut zu sprechen war. Aber er hatte ja Recht, ich fühle mich ja selbst für Tamaras Tod verantwortlich. Doch ein Feigling und Versager, wie er mich beschimpfte, das war ich beileibe nicht. Ich schaute zu Iris hinüber, hoffte, dass sie mich jetzt vor ihm in Schutz nehmen würde, so wie sie es früher immer getan

hatte, doch von ihr erntete ich nur vorwurfsvolle, anklagende Blicke.

Die beiden sind dann mit dem Polizeipsychologen ins Krankenhaus gefahren und ich saß wie ein Häuflein Elend im Sessel und die ganze Welt stürzte über mir zusammen.
Ich weiß nicht, wie lange sie weg waren, vielleicht drei oder vier Stunden, ich registrierte es nicht.
Als sie wieder zurückkamen, schauten sie mich nicht mehr an, als ob ich Luft wäre, keiner sprach mit mir.
Iris verschwand im Schlafzimmer, kam nach zehn Minuten mit zwei gepackten Koffern wieder heraus, und ohne mich noch eines Blickes zu würdigen, stürmten sie gemeinsam aus der Wohnung. Ich rief Iris nach: „Bitte Iris! Bitte bleib bei mir, ich brauch dich doch.“

Iris gab keine Antwort, es war der Schwiegervater, der aus dem Hausflur zurückschrie: „Wir wollen dich nicht wiedersehen, auch nicht auf Tamaras Beerdigung.

Hast du hast mich verstanden!“
In diesem Moment fragte ich mich zum ersten Mal, warum um Gottes Willen hasst mich dieser Mensch so sehr?
Dass er mich nicht leiden konnte, das konnte ich ja noch verstehen, aber warum dieser Hass?
Ich habe Iris Tage später einen langen Brief geschrieben. Ihr geschrieben, dass ich sie liebe, dass sie mir doch verzeihen möge, und dass ich sie jetzt umso mehr bräuchte und wir nun gerade jetzt zusammenhalten müssten. Doch ich bekam keine Antwort. Ich weiß heute nicht mehr, wieviel Schnaps und Fusel ich in dieser Zeit getrunken habe und es war mir auch völlig gleichgültig dass ich meine Gesundheit ruinierte. Ich musste meinen Verstand und den Schmerz betäuben. Ich wollte diese schrecklichen Bilder, die sich in mein Gehirn eingebrannt hatten, auslöschen, doch immer, wenn ich wieder nüchtern war, kamen diese schrecklichen Bilder zurück.
In meiner Firma wollte man mich auch nicht länger ertragen. Nach anfänglichem Mitleid, mehrmaliger Kurzbeurlaubung,

hatten sie genug von meinem Suff und meinen Problemen, und haben mich rausgeworfen.
Auch mein bester Freund Bernhard, Arbeitskollege und Taufpate von Tamara, kündigte mir seine Freundschaft auf. Ich möchte ihn doch nicht mehr in der Firma anrufen, es würde seiner Karriere schaden, wenn er weiterhin mit mir sprechen würde, meinte er.
Doch auch wenn ich ihn zuhause anrief, war nur sein Anrufbeantworter eingeschaltet und er rief nie zurück.

Iris hatte gleich nach ihrem Auszug die Scheidung eingereicht, war aus meinem Leben verschwunden und ich stürzte von einer Katastrophe in die andere. Letztlich landete ich in der Klapsmühle. Ich kam allein nicht mehr zurecht, war nicht mehr lebensfähig. Sie versuchten mich von diesem schuldhaften Zwang zu befreien, dass es nicht meine Schuld gewesen war,
dass ich nur zur falschen Zeit an diesem schrecklichen Ort verweilte, und wenn Tamara nicht da gewesen wäre, ein anderes Kind hätte sterben müssen. Sie versuchten mir

klarzumachen, dass nur dieser Hundehalter der Bestie die ganze Verantwortung zu tragen habe. Gelegentlich bekam ich in der Nervenklinik noch Besuch von der Polizei, sie brachten Bilder von verschiedenen Hunderassen mit, und kaum hatte ich mir die ersten zehn Bilder angesehen, da deutete ich schon auf einen Staffordshire-Bull-Terrier.

„So einer war`s! Genau so einer!“, schrie ich und nun war ich plötzlich wieder voller Hoffnung, dass man diesen Hundehalter bald zur Verantwortung ziehen wird. Doch Woche um Woche verging und nichts geschah.

Später, als ich aus der Klinik entlassen wurde, ging ich dann häufig auf´s Polizeirevier und fragte nach, ob sie denn schon was ermittelt hätten. Doch da wurden sie plötzlich ungehalten, ärgerlich, und erteilten mir Hausverbot, einfach so. Ich würde nur ihre Arbeit stören, meinte der zuständige Kommissar Schilling. Daraufhin begann ich selbst zu ermitteln. Zog um die Häuserblocks und suchte in den umliegenden Grünanlagen.

Bald kannte ich jeden Hundehalter im Revier, doch keiner von ihnen wollte diesen Staffordshire-Bull-Terrier mit seinem schwarz-weißen Schädel gesehen haben.

Nur ein Mann, ein einziger, nahm wirklich ehrlichen Anteil an meiner Suche und war mir behilflich. Er arbeitete beim Ordnungsamt und war zuständig für die Begutachtung und Beurteilung auffällig gewordener Hunde, zudem hatte er gute Kontakte zu Tierärzten und ließ mich Eignungstests von auffällig gewordenen Hunden lesen. Doch auch hier stellte sich kein Erfolg ein. Es war eine schreckliche Zeit, doch am schlimmsten waren die Nächte. Alpträume plagten mich.
Einmal träumte ich von einem Tierheim, ich sah dort hunderte weiße Kampfhunde und alle hatten sie diesen schwarz-weiß gefleckten Schädel mit einem halben Ohr auf der rechten Seite.

Dieser Traum, er war eine Eingebung, denn an die Tierheime hatte ich bisher noch gar nicht gedacht.
Sofort plante ich einige Besuche, kaufte Katzen- und Hundefutter als Spende, um nicht grundlos dort aufzutauchen, und schon tags darauf besuchte ich das nächstgelegene Tierheim in Langwitz.

Schon von weitem hörte ich das Hundegebell und als ich durch das Eingangstor fuhr, wurde es noch heftiger. Ich parkte meinen Wagen und folgte dem Hinweisschild „Büro“.
Die Tür vom Büro stand offen, ich begrüßte die ältere Dame, die hinter ihrem Schreibtisch aufblickte und trat ein.
„Ja bitte, womit kann ich Ihnen helfen?“, fragte sie freundlich.

„Ich möchte eine kleine Spende abgeben, etwas Tierfutter.“

„Das ist ja toll! Das erleben wir nicht alle Tage!“, sagte sie erstaunt. Sie kam hinter

ihrem Schreibtisch hervor und streckte mir die Hand entgegen.
„Bender ist mein Name und wer sind Sie?“, fragte sie mit freundlicher Stimme.

„Karlheinz Frank.“

Sie drückte einen Klingelknopf und meinte: „Gleich kommt unser Zivi, der nimmt Ihnen das Futter ab. Er kann Sie auch herumführen, wenn Sie gerne möchten?“

Ich bedankte mich für ihr Angebot und ging hinaus.

Ein junger Mann, Anfang zwanzig, kam eilig um die Ecke. „Die Chefin sagt, Sie hätten etwas Futter mitgebracht?“
„Ja, hier im Wagen“, gab ich zur Antwort und deutete auf den bereits geöffneten Kofferraum.
Er nahm die beiden 20 kg Säcke Trockenfutter heraus und stellte sie neben die Eingangstür.

„So, was darf ich Ihnen zeigen? Wollen Sie zuerst zu den Hunden, oder zu unseren Katzen?“

„Die Hunde, die würden mich schon eher interessieren“ , sagte ich.

Wortlos ging er vor mir her und am ersten Hundekäfig blieb er stehen, deutete mit dem Arm und sagte: „Hier haben wir einen Schäferhund-Mischling. Der ist neu hier, den hat man an einer Autobahnraststätte ausgesetzt. Aber das kennen wir schon, alle Jahre wieder, wenn diese feinen Herrschaften in Urlaub fahren, dann setzen sie einfach ihre Tiere aus.“

Er ging weiter, von Käfig zu Käfig, und überall erzählte er eine weitere traurige Geschichte.
„Hier, hier kommen wir zu den ganz besonderen Kreaturen, die können wir derzeit gar nicht mehr vermitteln.
Die Bitbull`s, Bullterrier, American Staffordshire und die Rottweiler, das sind unsere großen Sorgenkinder. Seit die

Hundesteuer für diese Rassen angehoben wurde, bringt man uns die Hunde vorbei, und die Ausrede ist immer dieselbe: Der Hausvermieter würde ihnen die Wohnung aufkündigen, wenn sie den Hund nicht sofort abschaffen würden.

Und dann bringt uns auch die Polizei noch zusätzlich Kampfhunde vorbei, die man den Besitzern weggenommen hat, weil die sich nicht als Hundehalter eignen. Aber es geht noch weiter, am schlimmsten sind die Kampfhunde welche an Hundekämpfen teilgenommen haben, die sogenannten Verlierer, die sehen dann aus wie diese hier.“

Er ging in die letzte Ecke und deutete auf zwei übel zugerichtete Exemplare. Einem fehlte die halbe Lefze und der andere konnte nicht mehr laufen,
ihm waren die Sehnen und Muskeln der Hinterläufe durchbissen worden.
Seltsames passierte mit mir in diesem Moment. Trotz der üblen Verunstaltungen empfand ich kein Mitleid mit diesen beiden Kreaturen, ich

heuchelte Anteilnahme, und sagte erstaunt:
„Mein Gott! Hundekämpfe, so was gibt's doch nicht bei uns?"
Der Zivi lachte verächtlich. „In stillgelegten Fabriken, in alten Steinbrüchen
und Kiesgruben, ja sogar auf Hochhausdächern finden Hundekämpfe statt. Sie haben ja keine Ahnung,
da laufen Wetten bis zu 5.000,- € und mehr, pro Kampf."

Hellhörig geworden fragte ich weiter:
„Ja, um Himmels Willen, was sind das nur für Menschen die so was tun?"

„Ha! Da sind alle Nationalitäten vertreten, Deutsche, Türken, Russen, Polen, vom unscheinbaren Nachbarn bis zum Zuhälter, vom Arbeitslosen bis zum Millionär, da ist die ganze Bandbreite unserer lieben Gesellschaft dabei. Die haben ihren Spaß, ihren Kick, und wollen mal nebenbei schnelles Geld verdienen" , sagte der Zivi mit zorniger Stimme.

„Ja, und woher wissen Sie das alles so genau, haben Sie denn schon mal zugeschaut?“

„Hey! Hey! Sie haben vielleicht Nerven, ja glauben Sie, die lassen da jeden zusehen? Nee, nee, da kommt unsereins nicht dazu, wir kriegen nur ihre halbtoten Tiere und die schmeißen sie uns dann nachts über den Zaun, diese herzlosen Verbrecher!“

„Und diese Hunde, sind die denn so gefährlich, wie man sagt?“

Der Zivi schaute mich wieder an. „Gefährlich!,
das waren sie vielleicht mal,
jetzt sind diese armen Viecher froh,
dass sie überlebt haben.“ ,meinte er.

Demonstrativ öffnete er einen der Zwinger und ging hinein.
Er kniete sich zu dem übel zugerichteten Rüden hinunter, und dieser Hund leckte im übers Gesicht, winselte und legte sich dann auf den Rücken, um sich vom Zivi streicheln zu lassen.

„Liebe und Zuwendungen brauchen die armen Kreaturen, denn das haben sie garantiert nie erfahren. Gefährlich sind die nur, wenn sie zu Kampfmaschinen abgerichtet werden. Da lässt man so einen Hund 3 - 4 Tage ohne Wasser und Nahrung in einem dunklen Keller eingesperrt, und dann wirft man eine lebendige Katze hinein.
Können sie sich vorstellen, was dann passiert!? So werden sie zu Bestien gemacht!“

Dem Zivi war nicht aufgefallen wie kreidebleich ich wurde, wie sollte er auch. Bei dem Wort Bestie, lief es mir eiskalt über den Rücken und plötzlich hatte ich es ganz eilig von hier wegzukommen, mir reichten die neuen Eindrücke, mehr wollte und konnte ich im Augenblick nicht ertragen. Ich war auf der Suche nach der Bestie, die meine kleine Tamara umbrachte, und nicht, um mir traurige Hundegeschichten anzuhören.

Tage später, in der wöchentlichen Sitzung beim Klinik-Psychologen habe ich über diesen Besuch im Tierheim gesprochen. Über meine Empfindungen, meine Reaktionen und Gefühle.

Der Psychologe drängte mich förmlich, unbedingt sollte ich noch weitere Tierheime aufsuchen, denn diese Erlebnisse und Erfahrungen seien sehr wichtig, um mein Gleichgewicht wieder zu erlangen, meinte er.
Also besuchte ich noch andere Tierheime in der Umgebung von Berlin, und nach zwei Wochen erschien ich auch wieder im Tierheim Langwitz.
Als der Zivi mich sah rief er gleich: „Ich hoffe Sie haben heute mehr Zeit mitgebracht, Sie müssen mir heute unbedingt helfen, einige der Hunde müssen ausgeführt werden, die brauchen mal wieder etwas Bewegung.“

Noch während ich nach Worten für eine passende Ausrede suchte, hatte er bereits eine Leine vom Haken genommen und ging hinüber zu den Hundezwingern.

„So, den hier, unseren Terry nehmen Sie, der hat es am nötigsten.“
Schon der Anblick dieses schrecklich zugerichteten Hundes flößte mir Ekel ein. Kaum eine Stelle an Kopf und Körper gab es, welche nicht von tiefen hellroten Narben überzogen war.
Der Zivi bemerkte mein Zögern und meinte: „Lassen Sie sich ja nicht vom Anblick abschrecken, unser Terry ist ein Lieber, Sie werden sehen wie dankbar er sich zeigt.“

Er drückte mir die Leine in die Hand, griff in seine Jackentasche und reichte mir mehrere Hundekekse. Nun stand ich da, allein, mit einem ehemaligen Kampfhund der übelsten Sorte. Schweiß trat mir langsam aus den Poren, und gleichzeitig fröstelte es mich. Als konnte dieser Hund meine Abneigung spüren, er stand regungslos da und schaute mit traurigen Augen zu mir auf. Sein Winseln riss mich aus meinen Gedanken. Es gab kein Zurück mehr, ich musste los. Der Hund ging neben mir, als hätte ich nur seine Leine in der Hand, er lief ohne den

geringsten Zug vorneweg. Wir umrundeten das Tierheim, vorbei an einigen Getreidefeldern und Rübenäckern, hinüber zu einem angrenzenden Fichtenwald und dort machten wir Rast.
Ich setzte mich auf einen Baumstumpf nieder und vor mir legte sich der Hund zu Boden. Wieder schaute er mit traurigen Augen auf, und ich wusste nicht, wie ich mich verhalten sollte. Verlegen kramte ich in der Jackentasche und streckte ihm einen zerbröselten Keks entgegen. Er leckte die Brösel aus meiner Hand, und ich ertappte mich dabei, dass ich Mitleid mit ihm empfand. Ja, ich wollte ihm sogar über seinen geschundenen Schädel streicheln, doch mitten in der Bewegung hielt ich inne. „Verdammt! Ja, war ich noch ganz bei Sinnen? Noch richtig in der Birne?“

Abrupt erhob ich mich und im Laufschritt eilten wir zurück. Ich brachte den Hund in seinen Zwinger und fluchtartig verließ ich das Gelände, ohne mich zu verabschieden.

Auf der Nachhausefahrt ging mir allerlei durch den Kopf. „Moment mal, du hast ja völlig die Orientierung verloren. Mit diesem Terry hast du die Möglichkeit, Orte ausfindig zu machen, wo solche Hundekämpfe stattfinden, ja womöglich findest du dort diese Bestie!“

„Ja! Ich will diese Bestie finden!“, schrie ich laut.

Drei Tage später war ich wieder im Tierheim Langwitz zurück. Diesmal hatte ich keine Hemmungen, den Zwinger von Terry zu betreten, und Terry kam mir bereits entgegen, als er mich erkannte. Ich legte ihm die Leine um, dann marschierten wir den gleichen Weg, den wir schon tags zuvor gegangen waren. Ich übte mit ihm die ganze Palette der Hundekommandos und stellte fest, dass es für ihn keine Probleme gab.
Die Zeit war wie im Flug vergangen. Ich hatte Terry gerade wieder in seinen Zwinger zurückgebracht, da rief mich die Chefin in ihr Büro:

„Wir freuen uns ja, dass Sie uns ständig besuchen kommen, aber ich glaube, jetzt wäre es an der Zeit, dass Sie den Terry auch mal mit nach Hause nehmen. Wir können uns nämlich keinen besseren Herren für unseren Terry vorstellen.“

Noch bevor ich antworten konnte, fügte sie hinzu: „Herr Frank und wenn Sie doch nicht mit ihm klarkommen, was wir zwar nicht glauben, dann dürfen sie den Terry jederzeit wieder zurückbringen.“

Ich tat so, als würde ich überlegen und nickte dann zögerlich. Ich konnte ihr ja nicht sagen, dass ich das selbst so geplant hatte.

Terry hatte sich sehr schnell an sein neues Zuhause gewöhnt. An die Spaziergänge um die Häuserblocks, an die Fahrten mit der Straßenbahn mit den vielen Menschen. All das war für Terry kein Problem. Nach mehreren Besuchen in anderen Parkanlagen, nahm ich all meinen Mut zusammen und fuhr mit Terry hinüber zum Ernst Thälmann Park,

den ich bisher wie die Pest gemieden hatte.
Den Wagen parkte ich an der Straßenseite, doch ich stieg nicht aus. Ich saß noch eine ganze Weile und sprach mir Mut zu: „Du musst dich überwinden, du musst das jetzt hinter dich bringen, du gehst nicht mehr zurück."
So nahm ich Terry an die Leine und ging langsam Schritt für Schritt. Ohne die Umgebung richtig wahrzunehmen hatte ich den altbekannten Weg eingeschlagen und stand plötzlich vor meiner Bank.

Mir wurde unwohl, schwindlig, und ich setzte mich, schloss die Augen. Terry war unter die Bank gekrochen, er schien zu spüren, wie aufgewühlt ich war. Doch kaum hatte ich die Augen geschlossen, da spielte mein Verstand verrückt. Ich hörte das Kindergeschrei, sah mich, wie ich über den Rasen rannte, hinüber zu den Büschen, sah meine kleine Tamara am Boden liegen ... schnell öffnete ich wieder die Augen. „Verflucht! Nicht schon wieder wollte

ich das schreckliche Erlebnis durchleben."
Ich musste wohl laut aufgeschrien haben, denn Terry war mit einem Satz unter der Bank hervorgesprungen, suchend ging sein Kopf hin und her, als drohe uns Gefahr.
„Bleib ruhig Terry! Bleib ganz ruhig, dein Herrchen hat nur Schreckliches geträumt, komm sei ein braver Hund, setz dich wieder."

Doch Terry setzte sich nicht, er schaute den Weg hinauf, auf dem sich ein großer, blonder, breitschultriger Mann mit einem Hund näherte.
Auch er hatte uns jetzt bemerkt und je näher er kam umso deutlicher konnte ich seinen Hund, einen Pitbull, erkennen.
Terry war zurück unter die Bank gekrochen und schmiegte sich eng an meine Beine. Noch bevor ich ergründen konnte, warum er sich so verhielt, war der Fremde in sicherem Abstand vor uns stehen geblieben.

Er hielt seinen Hund am Halsband fest und sein Blick richtete sich unter die Bank, auf Terry. Es schien, als würde er überlegen. Dann, mit einem breiten Grinsen im Gesicht, meinte er: „Das ist doch der Hund vom Glatzen-Willy, den Hund kenn ich. Sag, woher hast du ihn?“

„Wie bitte? Ich habe sie ..., ich hab sie nicht verstanden.“, stotterte ich. Gleichzeitig ärgerte ich mich, dass dieser Kerl mich einfach so duzte.

„Der Hund, wie kommst du zu Willys Hund?“ fragte er erneut.

Ich hatte mich wieder gefasst und antwortete: „Den habe ich aus dem Tierheim, warum fragen sie?“

Wieder grinste er. „Ich kenn doch den ADOLF, das ist der Hund vom Glatzen-Willy! Es wundert mich nur, dass er noch lebt?“

„Wer ist der Glatzen-Willy? Und wer ist Adolf?“ Ich kenn die beiden nicht.“

Der „Blonde“ blickte auf seine Armbanduhr. „Hab noch ne Minute.“ Er streckte mir seine Hand entgegen. „Sergej heiß ich! Und du?“

„Karlheinz.“, gab ich irritiert zur Antwort und versuchte, sprachlich einzuordnen, aus welchem Teil von Osteuropa er wohl stammen könnte.

„Ich glaube, dem Hund geht es gut bei Dir. Weißt du, ich kenn den ADOLF von einigen Hundekämpfen, das war mal ein richtig guter Kämpfer.“

Wieder blickte er zu Terry, der sich noch enger an meine Beine geschmiegt hatte und heftig zitterte.

„Der Willy hat ihn fertig gemacht. An manchen Tagen musste dieser Hund bis zu vier Kämpfe austragen, und glaub mir, ich weiss wovon ich rede, das waren die brutalsten Hundekämpfe, die ich je gesehen hab. Aber so ist er nun mal, der Willy, der kennt keine Gnade, kein Erbarmen, der will nur immer schnell Kohle machen.

Aber sag noch mal, wo genau hast du ADOLF gefunden?“

„Du meinst meinen Terry! Aus dem Tierheim Langwitz habe ich ihn geholt.“ Sergej lachte laut. „Ha! Uns hat er erzählt, er hätte ihm einen Sack Steine um den Hals gebunden und ihn ersäuft.
Weißt du, dieser Willy, das ist einer mit so dummen Nazi-Sprüchen.
„Überlegenheit der weißen Rasse und so, eben ein Grossmaul.
Neuerdings haben sie ihn aus seinem Ortsverein rausgeschmissen, weil er wohl was mit kleinen Jungs hatte.“
Sergej lachte wieder, er schaute dabei erneut auf seine Uhr.
„Oh! Jetzt muss ich aber weiter, vielleicht sieht man sich ja wieder.“

„Halt Sergej! Einen Moment noch, komm erzähl mir noch, wo diese Hundekämpfe stattfinden, ich möchte mir das mal ansehen.“

Sergej schaute verdutzt. „Du willst doch nicht etwa mit diesem Hund ....?“

„Nein, natürlich nicht! Ich möchte nur mal zusehen. Wegen ihm, ich muss doch wissen, was er erlebt hat, dann kann ich ihn auch besser verstehen. Ok.?“

Sergej war etwas irritiert, griff dann aber in seine Hosentasche, entnahm seiner Geldbörse einen Tankbeleg und malte mit wenigen Strichen auf der Rueckseite eine Fahrstrecke auf und reichte mir den Beleg.

„Das hast du aber nicht von mir. Klar! Ich will keinen Ärger, du kennst mich nicht und wir beide haben uns nie gesehen, verstanden?“ , sagte er mit ernstem Blick.

„Ja klar, klar Sergej, dank dir!“

Als er weg war atmete ich erleichtert auf. „War das ein Zufall? Nein, das war es bestimmt nicht! Es musste ja irgendwann mal passieren, so ähnlich hatte ich es mit ja vorgestellt, nur nicht hier im Thälmann-Park.“

„Sei mir nicht böse, mein Terry, genau für diese Situation brauchte ich dich. Nie hätte ich ohne dich erfahren wo diese Hundekämpfe stattfinden.

Hey Terry! Was ist los?“
Doch Terry rührte sich nicht, er schaute nur traurig mit zitterndem Körper. „Komm mein Guter, komm schon.“ Ich kramte in meiner Jackentasche, fand noch zwei alte Kekse, die ich ihm vor die Schnauze hielt, doch er machte keinerlei Anstalten sie zu fressen. Ihn hatte eben die Vergangenheit eingeholt, als er seinen alten Namen „ADOLF“ hörte.

Am folgenden Samstagnachmittag gegen 14 Uhr fuhr ich stadtauswärts.
In der linken Hand hielt ich den bemalten Tankbeleg und mit der rechten umfasste ich krampfhaft das Lenkrad. Ich war aufgeregt, angespannt, und mein Atem ging gepresst.

Ich verringerte die Geschwindigkeit und bog auf den eingezeichneten schmalen Schotterweg ab. In der Ferne tauchte jetzt eine verfallene Industrieruine auf.
Ein stillgelegtes Betonwerk mit einer alten Braunkohle-Heizanlage deren eingefallener Schornstein nur noch als Stummel, wie ein Mahnmal in die Höhe ragte. Meterdicke übererdig verlegte Heizungsrohre durchliefen die Werksanlage und verbanden die Gebäude und Werkshallen miteinander.

Ich hielt an, denn Terry war plötzlich von der Rückbank aufgesprungen und drückte seine Schnauze durch das halboffene Seitenfenster hinaus. Er nahm Geruch auf und begann zu winseln.

„Bleib ruhig Terry, setz dich wieder hin!“ Langsam fuhr ich wieder an, umrundete einen dreistöckigen Plattenbau, worin früher wohl die Verwaltung war und näherte mich der ersten Produktionshalle. Wieder hielt ich an, drehte die Scheibe herunter und lauschte. Nichts war zu hören, es schien, als wäre die gesamte Anlage menschenleer. Terry winselte erneut. Sein Verhalten zeigte mir, dass ich hier richtig war.
Im Schritttempo rollte ich weiter.
„Gleich, gleich muss ich doch da sein“ dachte ich. Langsam bog ich um die Ecke und dann sah ich ein halbes Dutzend schwerer Motorräder und eine stattliche Anzahl von Limousinen.
In Reih und Glied waren sie geparkt, eine Nobelkarosse neben der anderen.

„Halt!“ brüllte es plötzlich neben mir. Ich hatte den Kerl gar nicht wahrgenommen. Urplötzlich stand er neben dem Wagen, ein Bursche cirka zwei Meter groß.

„Ganz cool bleiben, bleib ganz cool“, dachte ich.
Zu Hause hatte ich mich schon auf eine ähnliche Situation eingestellt und mir überlegt, was ich tun wollte.

Terry hatte sich durch das abrupte Bremsen so erschrocken, dass er von seinem Sitz aufsprang. Er streckte seinen Kopf durch die offene Scheibe hindurch und zum ersten Mal hörte ich sein Knurren. Es war ein gefährliches Knurren. Ich hob die Hand zum Gruß. Der „Riese“ hatte jetzt Terry erblickt, und ohne ein Wort zu sagen, ging er zur Seite und ließ mich zum Parkplatz weiterfahren. Dann kam er nachgelaufen und schaute nochmals ins Wageninnere, er fixierte Terry erneut, mehrere Sekunden lang, und dann verschwand er so urplötzlich wie er aufgetaucht war.

Terry hatte sich wieder auf seine Sitzbank verkrochen, ich stieg aus, und verschloss die Wagentür. Gerade wollte ich durch den ersten Halleneingang hindurch, da war ich plötzlich umringt, man versperrte mir den Weg. Es war wieder dieser Riese und mit ihm zwei weitere wild aussehende Burschen.

„Hey!“, sagte ich und hob die Hand.

Ein Dunkelhäutiger, um die vierzig, er schien wohl der Boss der Gruppe zu sein, ergriff das Wort:
„Was willst du hier?“ fragte er angriffslustig.

Mir fiel in diesem Augenblick nichts Besseres ein und sagte: „ Ich will dem Glatzen-Willy eine aufs Maul hauen.“

„Tatsächlich!“, rief einer. „Das ist der „Adolf!“ Und noch bevor sie mich fragen konnten, woher ich ihn habe, sagte ich: „Hab ihn aus dem Tierheim geholt, die arme Kreatur.“
Der Schwarze, legte mir seine Hand auf die Schulter.
„Du kannst mitkommen, aber damit wir uns gleich richtig verstehen, hier gibt es keine Prügelei! “

Er ging voraus, durch mehrere Gänge und Türen hindurch und wir kamen in eine große Fertigungshalle, die mit halbhohen Betonplatten unterteilt war.
Die mittlere Teilung schien wohl die Kampfarena zu sein.
Etwa 30 - 40 Leute waren anwesend, darunter auch junge Frauen. Sie saßen oder standen in kleinen Gruppen beisammen und einige schauten jetzt neugierig zu uns herüber. Der Schwarze hob den Arm und das Stimmengewirr verstummte allmählich.

„Ladys and Gentlemen! Ich möchte euch einen Gast vorstellen! Er ist der neue Besitzer von unserem viel geschätzten und einst siegreichen ADOLF!"

Schlagartig war es still. Wie auf Kommando drehten alle ihre Köpfe und blickten auf eine kleine Gruppe hinüber, die abseits stand. Es waren junge, wild aussehende Burschen in Motorradkleidung, und in ihrer Mitte nicht zu übersehen stand „Glatzen-Willy".

Ich erkannte ihn sofort, Sergej hatte ihn gut beschrieben. Sein glatt rasierter Schädel ragte aus einer zwei Nummern zu groß geratenen schwarzen Lederjacke heraus.
Ein Bild, ähnlich einer Schildkröte, deren langer Hals und kleiner Kopf aus ihrem großen Panzer hervorschaut, nur eben stehend.

Willy schaute in meine Richtung. Der Schwarze rief ihm zu: „Na Willy, willst du nicht herüberkommen und deinen neuen Freund begrüßen?“

Alle hatten sie diese Anspielung sehr wohl verstanden, denn lautes Gelächter brach los.

Doch kaum war das Lachen verstummt, ging es schon wieder zur Tagesordnung über und man ließ mich links liegen. Keiner nahm weiter Notiz von mir.
Ich blickte mich um, machte mich ortskundig und erkannte einen Getränkeausschank. Es schien die Bar zu sein. Mehrere Leute standen dort,

tranken und unterhielten sich. „War da nicht Sergej dabei? Natürlich!“ Ich gesellte mich zu der Gruppe, vermied es aber, Sergej zu begrüßen.

„Was möchten Sie denn trinken? Wollen sie Schampus, Wein, Bier oder Wodka?“ fragte ein junges Mädchen hinter dem Tresen.

„Nur ein Mineralwasser bitte!“ Ich schaute sie an und dachte, was macht ein so junges, hübsches Mädchen hier? Die ist doch garantiert noch minderjährig?

„Nein! Nein! Unsere Gäste müssen nichts bezahlen.“, meinte sie höflich und lächelte mich an, denn sie hatte bemerkte, dass ich in meiner Geldbörse kramte. „Sergej!“ rief sie plötzlich.

Sergej stand einige Meter von mir entfernt und nippte an einem Glas. „Sergej, was ist heute mit deinem Hund, kann ich auf ihn wetten?“

Sergej prostete ihr zu. „Olga, mein Täubchen, natürlich wird er heute wieder gewinnen.
Heute ist mein Glückstag, du wirst schon sehen.“

„Olga, Sergej, das müssen Russen sein?“ dachte ich.

Das Läuten einer Glocke unterbrach meine Gedanken. Am Podium erschien ein im Frack gekleideter älterer Herr. In der einen Hand hielt er eine Glocke und in der anderen ein Mikro.
„Ihre Wetten, meine Damen und Herren, ab sofort darf gewettet werden!“, rief er.

Pärchenweise nannte er dann verschiedene Hundenamen und schrieb sie mit Kreide an eine Schiefer-Wandtafel.

Die Kampfpaarungen sind:
1.) Attila gegen Wotan
2.) Napoleon gegen Herkules
3.) Cäsar gegen Lenin
4.) Feldmarschall Rommel gegen Goliath

5.) King Arthur gegen Ladykiller

„Ich darf jetzt um ihren Wetteinsatz bitten! Meine Damen! Meine Herren!“, nuschelte er in sein Mikro.

Die einzelnen Grüppchen lösten sich nun auf und begaben sich hinüber zur Wettkasse. Jeder schien offenbar schon zu wissen, wer der künftige Sieger sein würde. Auch Sergej hatte sich von seinem Barhocker erhoben. Er schaute mich an und fragte: „Willst du nicht auch wetten?“

„Nein, nein, heute noch nicht, ich muss mir die Hunde doch erst einmal ansehen, beim nächsten Mal vielleicht.“

„Du musst nicht abwarten. Setz auf meinen Lenin, er wird todsicher gewinnen.“

„Nein nein danke! Ich will ihn erst kämpfen sehen.“

Jetzt war mir erst aufgefallen, welch groteske Namen da auf der Tafel standen.

Mit Mühe und Not konnte ich mir gerade noch das Lachen verkneifen.
Sergej schnalzte mit den Fingern und einer seiner Begleiter kam herbeigeeilt. Sergej drückte ihm einige Geldscheine in die Hand und gab Order.

Nur anhand der Hundenamen konnte ich in etwa nachvollziehen, auf welchen Kampf er gewettet hatte.

„Sergej, wem gehört denn dieser Rommel?“ fragte ich neugierig.

Sergej lächelnd: „Du hast schon richtig geraten, der gehört dem Willy.“

„Und, wie gut ist er?“

„Nicht schlecht, aber bei weitem nicht so gut wie mein Lenin.“

Wieder läutete die Glocke und die Lautsprecherstimme ertönte erneut.
„Meine Damen, meine Herren, ich bitte sie, wieder Platz zu nehmen.

Der erste Kampf Attila gegen Wotan, beginnt in wenigen Minuten.“

Es war ein junger Türke, der als erster mit seinem Hund, einem kräftig gebauten Pitbull,

die Kampfarena betrat. Beifall empfing ihn. „Wir begrüßen Attila!“, schallte es aus dem Lautsprecher. Der junge Türke stellte sich in die rechte Ecke und hob dankend die Hand. Ihm folgte ein Pole. Er führte einen Rottweiler an der Leine und nahm die Position in der gegenüberliegenden Ecke ein. Er bekreuzigte sich und küsste seinen Hund auf die Schnauze. „Wir begrüßen Wotan!“, schallte es aus dem Lautsprecher und wieder klatschte die Menschenmenge begeistert Beifall.
Ich hatte mich neben Sergej gestellt, der in Begleitung seiner Landsleute war.

„Sergej, wer wird wohl gewinnen?“, fragte ich. Sergej zuckte mit der Schulter.

„Hab auf diesen Wotan gesetzt, aber wir werden ja gleich sehen.“

.„Auf mein Kommando, Leinen los! Achtung! Drei-zwei-eins-los!“, ertönte es aus dem Lautsprecher.
Ohrenbetäubender Lärm setzte augenblicklich ein. Die Meute schrie und tobte, als die beiden Kampfunde aufeinander zurasten. Das Gebrüll, das Gefletsche ineinander beißender Hunde, es nahm mir die Luft und schnürte mir den Brustkorb zusammen. Mir wurde fürchterlich übel, ich musste mich abwenden und entfernte mich mit schnellen Schritten. Keiner der Anwesenden schien Notiz zu nehmen, als ich die Halle verließ. Schweißgebadet stand ich an die Außenwand gelehnt.
„Verdammt! Verdammt! Was war nur los mit mir? Wollte ich mir tatsächlich so einen brutalen Hundekampf ansehen?“

Die widersprüchlichsten Gedanken rasten mir durch den Kopf.
„Du bist aber doch nur aus diesem einzigen Grund hier! Reiß dich gefälligst

zusammen! Wie willst du die Bestie finden, wenn du schon am Anfang schlapp machst.“

Ich hielt die Augen geschlossen, stützte meinen Kopf gegen die Hallenwand und atmete tief und langsam, um mich wieder zu beruhigen. Terry fiel mir ein. Ihn hatte ich ganz vergessen.
Im nächsten Moment hatte ich mich auch wieder unter Kontrolle und lenkte meine Schritte zum Parkplatz hinüber.
Doch da stockte mir der Atem, ich erkannte den Glatzen-Willy, sah wie er sich an meiner Wagentüre zu schaffen machte.
Ich spurtete los, und mit einem Aufschrei stürzte ich mich auf ihn. Ich schlug ihm die Fäuste ins Gesicht, links, rechts, links, wie ein Trommelfeuer. Doch der stand nur da, ohne sich zu wehren, hob nur schützend seine Hände vors Gesicht und schrie: „Hör auf! Hör doch auf! Ich will nichts von deinem Hund!“, schrie er, ich ließ von ihm ab und ohne ein weiteres Wort zu sagen, wankte er davon.

Mir taten die Fäuste weh, Blut tropfte von den Knöcheln, und ich erschrak. Nie zuvor in meinem ganzen Leben hatte ich so zugeschlagen. Doch gleichzeitig beschlich mich Stolz, endlich hatte ich keine Angst gezeigt.
Hinter mir hörte ich Händeklatschen. Ich drehte mich um, und da stand Sergej mit seinen beiden Begleitern. „Gratuliere!“, rief er. „War auch höchste Zeit, dass dieser Kerl mal eine Abreibung bekam.“

Er klopfte mir auf die Schulter und gemeinsam gingen wir in die Halle zurück. Wir plauderten und ich fragte: „Sergej, wer hat eigentlich den ersten Kampf gewonnen, war`s der Rottweiler?“

„Ja, ja , der Rottweiler vom jungen Polen. Schade dass du nicht zugeschaut hast, es war ein großartiger Kampf.

„Und wer kommt als nächstes dran?“

„Napoleon gegen Herkules.“ sagte Sergej.

„Nein, ich meine welche Hunderassen?“

„Ein Bullterier gegen einen Staffordshire Bullterrier.“ Ich traute meinen Ohren nicht, hatte ich Sergej eben richtig verstanden?

„Ein Staffordshire Bullterrier?“, wiederholte ich.

Sergej schaute mich verwundert an. Ich versuchte, schnell abzulenken und sagte:

„So, nun brauch ich aber zuerst mal einen Drink! Kommt ihr mit? “

Am Tresen angekommen klopfte Sergej mir abermals auf die Schulter, und zu Olga hingewandt meinte er: „Olga mein Täubchen, Schampus für uns und meinen neuen Freund, Karlheinz.“
Wir prosteten uns zu und ich nippte gerade an meinem Glas, als der Schwarze mit schnellen Schritten auf uns zukam. Sergej ging ihm entgegen, er ahnte dass er schlichten musste:

„Hey, hey, Blacky! Was machst du denn für ein Gesicht?“

Der Schwarze streckte den Arm aus und deutete auf mich: „ Der Neue da macht Ärger!“

Sergej antwortete: „Blacky! Wir waren dabei, es war ein fairer Kampf, lass den Jungen in Ruhe, er ist heute mein Gast!“

Der Schwarze schaute mich grimmig an. „Ich will dich künftig hier nicht mehr sehen! Hast du verstanden!“
Ich sagte kein Wort, nickte nur.
Sergej war wieder an meine Seite getreten. „Siehst du Junge, wie wichtig es ist, Freunde zu haben.“, sagte er, und seine beiden Begleiter lachten dazu.

Die Glocke läutete den nächsten Kampf an und der Lautsprecher schepperte wieder:
„Meine Damen, meine Herren, bitte nehmen sie ihre Plätze wieder ein, wir beginnen mit dem zweiten Kampf. Napoleon gegen Herkules.“

Es öffnete sich die Seitentür und herein kam ein blondgelockter junger Mann. Erneut ertönte der Lautsprecher:
„Wir begrüßen unseren Freund Alfred mit seinem Napoleon.“
Alfred dürfte gerade mal 20 sein. Er ging mit seinem dunkelbraunen Pitbull in die linke Ecke, hob die Hand zum Gruß und lachte in die Zuschauermenge. Er schien bekannt zu sein, und auch der Pitbull sah aus, als hätte er schon einiges erlebt.

Wieder öffnete sich die Seitentür und herein kam ein pomadiger Lackaffe, mit langen schwarzen Haaren, die er als Zopf nach hinten gebunden hatte.
Er müsste um die 50 sein, dachte ich. Mein Blick erfasste seinen Hund, ein weißer Staffordshire Bullterrier. Ich fixierte seinen schwarz-weiß gefleckten Schädel. Mein Blick suchte die rechte Kopfseite ab, und ich erkannte diese halbe verstümmelte Ohrmuschel.

Unter Tausenden hätte ich diese Bestie wiedererkannt. Keine 10 Meter stand diese Bestie von mir entfernt. Endlich hatte ich die Beiden gefunden.

Der Lautsprecher ertönte: „Wir begrüßen den Ehrenvorsitzenden und Mitbegründer unseres Kuschel-Hundeclubs, Herrn Erich Mickler, und wir begrüßen seinen Hund Herkules.“

Ich vernahm die Kampfansage „ Achtung! Drei-Zwei-Eins-Los!“ Die Hunde stürzten aufeinander zu. Wie gelähmt stand ich da, nicht mehr fähig mich zu bewegen.

Da lag meine kleine Tamara am Boden und ich sah wie diese Bestie ihr Maul um Tamaras kleinen Hals schlug, sah wie er sie schüttelte, zerrte, und ich hörte das Schreien der Kinder. Ich schrie! Doch mein Aufschrei ging im Gebrüll der tobenden Zuschauer unter. Sergej war der Einzige, der meinen Aufschrei hörte.Er sah mich an, sah wie ich die Augen verdrehte und in die Knie sackte.

„ Hey Junge!“ ‚Sergej tätschelte mir die Wangen. „Hey, Karlheinz was ist los mit dir?“
 Als ich nicht reagierte, schnappten mich seine beiden Begleiter, hakten mich unter die Arme und schleppten mich ins Freie hinaus.
Olga hatte mit angesehen wie mich Sergejs Männer unterhakten und kam angelaufen. „Was ist mit ihm?“, fragte sie aufgeregt.

Doch Sergej sagte nur: „Kümmere dich um ihn.“

„Hey, Karlheinz was ist los mit dir? Bist du krank?“ Ich vernahm Olgas Stimme von weitem. Langsam, ganz langsam kehrten meine Reflexe zurück, mein Atmen wurde wieder regelmäßig und ich konnte wieder klar denken.

„Dank dir, Olga! Dank euch, Jungs !“, stammelte ich.

„Ich darf mir solche brutale Hundekämpfe nicht ansehen, das ist nichts für mich.“ , und mit schwankenden Schritten ging ich Richtung Parkplatz zu meinem Wagen.

„Kannst du denn überhaupt so Auto fahren?“, rief Sergej mir hinter her.

„Ja, geht schon, ich bin schon wieder OK.“

„Nein, bist du nicht! Olga wird dich nach Hause bringen, nicht wahr Olga?“
Olga lächelte. „Klar, Sergej, mach ich doch gern, ich ruf dann an, wo du mich abholen kannst.“
„Halt wartet noch!“ Sergej kam hinterhergelaufen. „Hier, Karlheinz meine Visitenkarte, melde dich, wenn es dir wieder besser geht.“

Er schaute mich noch einen Moment lang an und meinte: „Du bist ein komischer Deutscher, so einen wie dich kannte ich bisher noch nicht. Dos wie Danja, Karlheinz.“

Verlegen antwortete ich: „Dos wie Danja, Sergej.“

Olga fuhr los. Terry, der die ganze Zeit allein im Wagen gesessen hatte, machte sich bemerkbar, er streckte seine Schnauze neben meinen Kopf.
„Gleich Terry, gleich gehen wir Gassi.“

Nach wenigen Kilometern hielten wir an einem kleinen Wäldchen an, parkten den Wagen und spazierten los. Ganz verdutzt schaute ich Olga an, denn sie hatte mich bei der Hand genommen, als würden wir uns schon ewig kennen. Sie lächelte und fragte: „Du magst es doch leiden, oder?“

Bei den Gefühlen, die mir augenblicklich durch meinen Kopf und Körper rauschten, wie hätte ich es da verneinen können. Über eine halbe Stunde waren wir dann wortlos über einsame Wege spaziert, schauten uns ab und zu an und lachten wie verliebte Kinder.

Zuhause angekommen verabschiedete sich Olga ganz eilig und drückte mir dabei einen Kuss auf die Wange.

„Die werden mich schon vermissen, ich muss gleich los.“ ,sie nahm ihr Handy aus der Tasche, telefonierte und ging.

Ich konnte ihr nur noch nachrufen: „Sehen wir uns wieder?“ Es war ein vielsagendes Lächeln, mit dem sie um die Ecke verschwand.
Meine Sinne waren nun wieder geschärft und ich konzentrierte mich auf diesen Namen. „Erwin Mickler! Wer ist dieser Mickler?“ Gleich darauf griff ich zum Telefon und wählte Sergej`s Handynummer. Sergej meldete sich.
„Ja, bitte!“
„Hallo Sergej, hier ist Karlheinz. Ich muss mich nochmals bei dir bedanken, für alles.“

„Was bedankst du dich denn, mein Junge? Wir hatten doch Spaß mit dir.“

„ Nun Sergej, ich hab noch eine Frage und es wäre nett, wenn du sie beantworten könntest.

„Sag, wer ist dieser Erich Mickler?"

Es war ruhig in der Leitung und ich fragte nach: „Sergej, bist du noch da?"

„Dieser Mickler", antwortete Sergej dann ganz ruhig. „Ja den kenn ich. Ihm gehört das Nachtlokal AMOURETTE in der Nähe vom Alex."

Plötzlich lachte Sergej.
„Hey Sergej, warum lachst du denn?", fragte ich irritiert.

„Weißt du, Karlheinz, ich glaube wir beide sind seelenverwandt, anscheinend mögen wir dieselben Leute nicht."

Nach diesem Gespräch legte ich mich aufs Sofa und überlegte:
„Olga? Nein, keine Romanze nicht jetzt. Sie hat jetzt keinen Platz in meinem Kopf. Zuerst die Bestie von Mickler !

Soll ich zur Polizei? Soll ich Anzeige erstatten? Nein! Dieser Mickler würde denen erzählen, dass er diesen Staffordshire Bullterrier gerade erst seit kurzem besitzt. Wie wollte man ihm das Gegenteil beweisen? Was mach ich nur jetzt? Soll ich ihn in seiner Bar besuchen und ihn zur Rede stellen?“

Ich stand vom Sofa auf, ging zum Esstisch hinüber und zog die Schublade auf. Mit der rechten Hand tastete ich unter einer Lage Geschirrtücher, bis ich den metallischen Gegenstand berührte. Ich zog einen Trommelrevolver, Kaliber 9mm, mit kurzem Lauf hervor und klappte die Trommel heraus. Sie war voll mit Patronen bestückt.

Mit einer schnellen Daumenbewegung versetzte ich die Trommel in Rotation, ein mechanisches Surren war zu hören, dann eine kurze Kippbewegung mit der Hand und „klick“ die Trommel war wieder eingerastet.

Erst vor kurzem hatte ich mir diese Waffe auf dem Trödelmarkt besorgt. Ein junger Pole, der Armeewaren, Stahlhelme und Orden aus dem zweiten Weltkrieg verkaufte, hatte ihn mir verkauft.

Minutenlang fixierte er mich, als ich um seinen Trödelstand herumschlich, und nachdem ich mir sicher war, dass niemand zuhören konnte, fragte ich ihn: „Haben sie auch echte Waffen, Pistolen zum Verkauf?“

Der junge Pole war gar nicht mal erstaunt über mein Ansinnen. Er schaute mich einige Sekunden prüfend an, dann nickte er und gab zur Antwort: „ Könnte einen besorgen, Anzahlung 250,- € und weitere 250,- bei Lieferung in der nächsten Woche.“

Ich war verblüfft, denn ganz so einfach hatte ich mir das doch nicht vorgestellt. Als ich dann am nächsten Wochenende wieder kam, da schob er mir ohne Kommentar einen Schuhkarton über den Tisch. Ich hob den Deckel an und darin lag dieser schwarze Revolver samt einer Schachtel Munition. Ich bezahlte die restlichen 250,- € und das war`s.

Ich legte die Waffe beiseite, griff nach dem Telefonbuch und blätterte.

Ich suchte unter B-a-, und da stand schon in fetten Lettern gedruckt.

„ TANZBAR-AMOURETTE“.

Ganz aufgeregt lief ich nun im Zimmer auf und ab und überlegte: „Soll ich schon heute Nacht dort hin? Ja? - Nein?“
Und da noch genügend Zeit zur Verfügung stand, nahm ich ein heißes Bad.
Ausgestreckt lag ich in der Wanne und tauchte meine geschwollenen und schmerzenden Finger unter Wasser. Es war so eine Marotte von mir, immer wenn ich mich unwohl fühlte, ich nicht gut drauf war, brauchte ich diese umspülende Wärme.
Nach dem Bad hatte ich mich dann letztlich doch für einen Bar-Besuch entschieden. Ich putzte mich fein heraus, zog meinen einzigen Anzug an. „Mein Gott, wie lange war das schon her, dass ich ihn zuletzt an hatte?“
Mit Iris, fiel mir ein, und ganz schnell schob ich diesen Gedanken wieder beiseite.

Es war kurz nach 20 Uhr, als ich den Autoschlüssel vom Schlüsselbrett nahm, den Revolver einsteckte und mich auf den Weg zu Micklers Bar machte.

Mehrmals musste ich in der Straße auf und ab fahren bis endlich ein Parkplatz nah der Bar frei wurde.
Um diese Zeit war hier schon viel los und verblüfft musste ich am Eingang feststellen, dass die beiden Türsteher ihre Gäste aussortierten, und ich war froh, dass ich die richtige Kleiderwahl getroffen hatte. Heftiges Gedränge herrschte in der Bar. Es war stickig. Ein eigenartiger Geruch schlug mir entgegen. Ein Gemisch aus Tabakqualm und süßlich riechendem Parfüm hing unter der Decke. Entweder war die Klimaanlage kaputt, oder sie war noch gar nicht eingeschaltet, vermutete ich.
Ich bahnte mir einen Weg zum Tresen, an deren rechter Seite ich einen unbesetzten Sitzplatz sah.
Auf der Tanzfläche bewegten sich die Pärchen im Rhythmus der Musik, soweit

es bei dem Gedränge überhaupt noch möglich war.
Das anwesende Publikum war Anfang 30 und aufwärts. „Komisch!“, dachte ich, jüngere, männliche Gäste schienen gar nicht anwesend zu sein, nur die Frauen waren jünger.
„Guten Abend, mein Herr!“,hörte ich eine weibliche Stimme hinter mir. Ich drehte mich um. „Guten Abend, meine Dame.“, erwiderte ich freundlich.

Es war eine junge, sehr freizügig gekleidete Bardame, mit überquellender Oberweite und etwas zu viel aufgelegter Schminke. Sie reichte mir die Getränkekarte und blieb abwartend stehen, bis ich gewählt hatte. Alkohol war tabu. Dieses Kapitel hatte ich ja hinter mir gelassen.
„Einen Orangensaft bitte, aber ohne Eis!“ fügte ich noch eilig hinzu, denn gerade hatte ich zugesehen, wie der Barkeeper mit seinen ungewaschenen Wurstfingern Eiswürfel in ein Glas warf.

Danach schaute ich wieder den tanzenden Pärchen zu.

Nach wenigen Minuten. „Ihren Drink, bitte!“ sagte eine mir bekannte Stimme und neugierig drehte ich mich um.
„Olga! Du? Das ist eine Überraschung!“

Für einen Augenblick, hatte ich das Gefühl, dass Olga erschrak, doch sie lächelte gleich wieder.
„Ivonne! Ivonne heiß ich!“,und leise, mir zugewandt, flüsterte sie: „Nur Sergej nennt mich Olga.“

„Ivonne!“ wiederholte ich nochmals.
„Du glaubst gar nicht, wie ich mich freue, dich wieder zu sehen. Ja arbeitest du hier?“

„Wie du siehst.“, gab sie zur Antwort, und wieder nur für den Bruchteil einer Sekunden war ihr hübsches Lächeln verschwunden.

„Ich hab dich schon vorhin im Gedränge gesehen und hoffte, dass du an die Bar

kommen würdest. Karlheinz heißt du doch, ja?"
„Ja, noch genauso wie heute Nachmittag.", gab ich lachend zur Antwort.

Sie berührte kurz meine Hand. „Muss leider schon wieder weg.", sagte sie und ihr Blick ging dabei hinauf zu den Logenplätzen.
Sie schaute wieder zu mir und meinte: „Du bleibst aber hier, bis ich wiederkomme."

„Ja, ja Ivonne! Habe nichts Besseres vor heute Abend.", rief ich ihr nach, dann war sie auch schon hinter der Bar verschwunden.

Mir war richtig warm ums Hez geworden. Ich hatte nicht im Traum daran gedacht, dass ich sie so bald wiedersehen würde. „Sie muss wohl erst gerade 18 Jahre alt sein, viel zu jung für mich.", dachte ich.
Wo war ihr Blick vorhin hingegangen? Ich drehte mich um und schaute in Richtung der Logenplätze, und

augenblicklich zuckte ich zusammen. Mickler!

Da oben in einer der Logen saß dieser schmalzige Kerl, dieser Erwin Mickler. Lässig zurückgelehnt saß er an einem Tisch und um ihn herum drei muskelbepackte Typen mit platt geschlagenen Boxernasen.
Von nun an ließ ich ihn nicht mehr aus den Augen.

Eine halbe Stunde war vergangen und Olga kam zurück. Sie hatte ihre Haare zu einer neuen Frisur hochgesteckt, war frisch geschminkt und sah plötzlich einige Jahre älter aus. Sie bemerkte meinen erstaunten Blick.

„Für dich!“, sagte sie und strahlte mich an.
„Du arbeitest als Bardame hier, wie ich sehe.“ , eröffnete ich das Gespräch.

„So etwas Ähnliches.“ Olga beugte sich zu mir vor, und leise flüsterte sie: „Ich muss hier anschaffen.“

Wäre die Beleuchtung am Bar-Tresen nicht abgedunkelt gewesen, ich glaube, sie hätte gesehen wie mir die Röte ins Gesicht schoss.
Verdammt, jetzt verstand ich. Vorhin hatte das Telefon dreimal geläutet, ohne dass jemand den Hörer abnahm, und gleich daraufhin verließ Olga die Bar. Ein Klingelzeichen. Ich war im Moment so perplex, dass sie es so offen aussprach, und wusste jetzt gar nicht, was ich darauf antworten sollte. Verlegen schaute ich auf meine Armbanduhr und ohne Olga anzuschauen, fragte ich: „Wann hast du denn Feierabend?“

„ Morgen früh, so kurz nach 4 Uhr, wenn die letzten Gäste gegangen sind. Aber ich hab keinen Feierabend wie du denkst, wir schließen nur die Bar, und dann fahren wir mit dem Chef nach Hause, wir wohnen bei ihm.“

„Wer ist wir?“

„Na wir, die Mädchen hier.“

Olga deutete mit einer Kopfbewegung auf die anwesenden Mädchen hinter dem Tresen.
Im Hintergrund spielte einer meiner Lieblingssongs.
„Darf ich dich zumTanz bitten?“, fragte ich und rutschte bereits vom Barhocker herunter.

Olga lächelte. „Aber Karlheinz, das geht nicht. Wie stellst du dir denn das vor, ich muss meinen Job machen, sonst bekomme ich Ärger.“

„Oh!“ Ich überlegte: „Könnten wir nicht auf dein Zimmer gehen?“

„Dann musst du zuerst hoch zur Loge, zu meinem Chef.“ Enttäuschung schwang in ihrer Stimme.

„Nein Ivonne! Entschuldige, so meinte ich das nicht, ich wollte nur mit dir allein sein.“

„Psst!“ Olga zischte durch die Lippen.

Ich hatte sofort verstanden. Sicherlich war es einer von Micklers Männern, der sich da gerade neben mir breit machte.

„Einen Campari. “, sagte er mit unfreundlichem Tonfall.
Olga bediente den „neuen Gast“, und als sie sich mir wieder zuwandte, führten wir ein belangloses Gespräch.   „ Zweimal im Jahr Urlaub, das kann ich mir nicht leisten, man möchte ja auch noch etwas Spaß haben, nicht wahr?“, und dabei zwinkerte ich meinem neuen Stuhlnachbarn zu, doch der reagierte nicht darauf. Er tat so, als wäre er mit seinen Gedanken ganz woanders. Als er unsere belanglose Unterhaltung lange genug mit anhört hatte, verschwand er wieder.
„Das machen die immer, wenn sie sehen, dass wir uns länger mit einem Gast unterhalten. Mein Chef will immer wissen über was wir reden.“, sagte Olga.

„Sag mal Ivonne, was fährt denn der Mickler für einen Wagen?“

„Sein Auto? Ich weiß nicht, wie es heißt, ist so ein weißer Amischlitten, einer wie sie ihn in Hollywood fahren, mit einer Bar und Fernseher darin.“
Ich musste schmunzeln. „Ja, diese Stretchlimousine habe ich heute Mittag bereits gesehen.“
Olga kicherte „ und stell dir nur vor, die hintere Sitzbank gehört seinem Herkules, da darf kein anderer sitzen, selbst jetzt hockt er draußen im Wagen und wartet bis zum Feierabend.“

Im nächsten Moment wurden wir unterbrochen. Das Telefon klingelte wieder. Olga schaute kurz hinauf in Richtung Logenplatz und ohne ein weiteres Wort zu verlieren, verschwand sie wieder.

„Komisch“, dachte ich, „so ein hübsches intelligentes Mädchen, warum arbeitet sie hier denn als Nutte?“

Kurz darauf verließ auch ich die Theke, mischte mich unter die Menschenmenge und machte einen Rundgang durch das

Lokal. Ich hielt Ausschau nach den Toiletten und dem Notausgang. Ich folgte der Ausschilderung und befand mich gleich darauf im Untergeschoss.

Die Toiletten waren nach hinten zum Hof angeordnet. Ich versuchte einen Blick durch die milchgläsernen Scheiben zu werfen. Doch alles, was ich erkennen konnte, waren schemenhafte Umrisse von geparkten Autos.
Ich folgte dem Schild Notausgang und bog um die Ecke. Mehrmals blickte ich mich um, vergewisserte mich dass mir niemand gefolgt war, und dann stand ich vor dem beleuchteten Notausgang.

„Nur im Notfall benützen“

stand über der Tür. Vorsichtig drückte ich die Türklinke nieder. Sie ließ sich tatsächlich öffnen. Langsam, ganz langsam schob ich die Tür nach außen auf und dabei ging mein Blick suchend um den Türrahmen herum.
Ich wollte keinen Alarm oder ein Signal auslösen. Nichts geschah. Ich stellte fest,

außen an der Tür war nur ein Türknopf montiert, also musste man einen Schlüssel besitzen um ins Gebäude zu kommen.
Ich griff in die Hosentasche, knüllte ein Tempotaschentuch zusammen und steckte es in die Schließöffnung, so dass der Riegel nicht einrasten konnte.

Abwartend blieb ich neben der Tür stehen, bis sich meine Augen an die Dunkelheit gewöhnt hatten. Dann blickte ich über die geparkten Fahrzeuge hinweg, bis ich Micklers Wagen erkannte.
Ich hatte genug gesehen. Vorsichtig zog ich die Tür wieder auf und lauschte in den Flur hinein. Niemand war in der Nähe.
Ich eilte zur Herren-Toilette zurück, denn da hatte ich zuvor beim Hände abtrocknen eine lose Handtuchrolle gesehen. Ich nahm sie an mich und verließ das Gebäude wieder und lauschte in die Dunkelheit hinein.
Ich nahm meinen Revolver aus der inneren Jackentasche und wickelte einen Teil der Handtuchrolle über den Lauf.

Langsam, fast lautlos schlich ich mich zu Micklers Wagen hinüber. Nichts bewegte sich darin, ich atmete mehrmals tief ein und aus, und dann trat ich mit voller Wucht gegen Micklers Karosse. Obwohl ich genau wusste, was im nächsten Augenblick passieren würde, erschrak ich und zuckte zurück als die Bestie mit fletschenden Zähnen gegen die Autoscheibe sprang.
Wieder und wieder stieß sie mit ihrem fletschenden, triefenden Maul gegen die Scheibe.
Nun wurde ich ganz ruhig, dachte an meine kleine Tamara, setzte den Revolverlauf gegen die Scheibe und drückte ab. Einmal, zweimal und weiter und weiter. Es machte bum-bum-bum, bum! Die Kugeln durchschlugen die Scheibe und trafen den Schädel der Bestie. Es gab nur ein Aufheulen. Dann war es still.

Ich verweilte in der Hocke, rührte mich nicht und verharrte so einige Minuten. Die Discomusik, die nach draußen hallte, hatte die dumpfen Schussgeräusche

völlig überdeckt. Niemand schien etwas bemerkt zu haben.
Ich wickelte die durchlöcherte Handtuchrolle vom Revolverlauf ab und warf sie im hohen Bogen auf das angrenzende Nachbargrundstück.
Mit leichtem Ruck zog ich die Notausgangstüre wieder auf, entnahm das Tempoknäuel aus der Schließöffnung und wischte damit, von Griff und Türrahmen, die vorhandene Fingerabdrücke ab. In der Herrentoilette hatte auch niemand etwas bemerkt, alle waren sie so mit sich selbst beschäftigt, dass ihnen nichts aufgefallen war.

Die ganze Aktion hatte weniger als 10 Minuten gedauert, dann saß ich wieder an der Theke, nippte an meinem Glas und schaute hinauf zu Mickler. Wie ein Pfau thronte er auf seinem Sofa, lachte, gestikulierte und redete auf die Anwesenden ein. Man sah ihm förmlich an, wie er sich in dieser Rolle gefiel.

„ Ihm wird das Lachen garantiert vergehen, wenn er morgen früh in seinen Wagen einsteigt.“, dachte ich.

Eigentlich wollte ich noch auf Olga warten, doch da sie nicht zurückkam, beschloss ich zu gehen. Ich hatte auch keine Lust mitanzusehen, wie sie erneut mit einem Freier aufs Zimmer ging.

Mit gemischten Gefühlen fuhr ich heim. Ich hatte Rache genommen an dieser Bestie, aber komischerweise fühlte ich mich nicht besser als zuvor.
Ich hatte angenommen, dass eine Zentnerlast von mir abfallen würde, dass ich mich befreit fühlen würde, aber dem war nicht so.
Zu Hause angekommen fiel mir ein, ich muss den Revolver wieder verstecken. Ich wiegte ihn in der Hand und dachte: „Ob er wohl eine Vergangenheit hat? Ach was! Und wenn schon, mich hat es nicht zu interessieren. Ich selbst habe ja auch nichts Unrechtes getan, streng genommen habe ich nur die Arbeit der Polizei erledigt.“

Ich reinigte den Revolver, ersetzte die leeren Patronenhülsen, und verstaute ihn wieder unter den Geschirrtüchern in der Schublade und anschließend ging ich zu Bett. Das Läuten meines Telefons schreckte mich aus dem Schlaf, benommen stieg ich aus dem Bett und wankte ins Wohnzimmer hinüber.

„Ja bitte?", krächzte ich in die Sprechmuschel.

„Guten Tag Karlheinz, hier ist Sergej."

„Sergej! Du? Wieso rufst du denn so früh schon an?"

„ Hey Junge! Wieso früh? Es ist kurz vor Mittag."

„Oh wirklich ? Tja, bin ziemlich spät ins Bett gekommen."

„Ich weiß!"

„Wie, du weißt? woher denn?“, fragte ich neugierig.

„Erzähle ich dir alles später. Komm zieh dich an, wir müssen reden. Ich lade dich auch zum Frühstück ein.“

„OK, und wo wollen wir uns treffen?“

„Du kennst das Cafe Belgrad?“

„Ja, weiß ich, war früher mal da, allerdings brauch ich noch ne halbe Stunde.“ Eilig wusch und rasierte ich mich, zog Hemd und Anzug vom Vorabend wieder an, schaute dabei in den Schrankspiegel und fand, dass ich darin ganz gut aussah. Es war ein sonniger Tag. Das Cafe Belgrad hatte im Freien bestuhlt und einige Gäste, wie auch Sergej, saßen draußen und genossen die wärmenden Sonnenstrahlen.

Sergej winkte mir von weitem schon zu, und wieder hatte er dieses seltsame

Lächeln im Gesicht. War er so ein lustiger Typ? Oder ist es ein spöttisches Lächeln? Ich wusste es nicht zu deuten. Sergej stand auf und wir begrüßten uns. Der Kellner kam. Wir bestellten das großc Frühstücksgedeck und fingen an zu plaudern:
„Nun, was war der Grund, deines Anrufes ?“, fragte ich.

„ Du ahnst es nicht?“ , Sergej schaute mich an.

„Nee, Sergej, hab keine Ahnung, was du meinst.“

„ Ich soll dich auch noch von Olga grüßen!“
„ Ach, du warst gestern Nacht auch bei Mickler?“, fragte ich verwundert.

„Nein, war ich nicht, aber vielleicht wäre es besser gewesen, denn wenn ich da gewesen wäre, hätte ich es verhindern können!“, gab Sergej mit ernstem Gesicht zur Antwort.

„Ja, was meinst du denn?“

„ Den Mickler! Sag, warum hast du den Mickler erschossen? “

„Sergej, spinnst du! Was erzählst du denn da für einen Blödsinn. Ich hab doch den Mickler nicht erschossen. Seinen Hund hab ich erschossern, aber doch nicht ihn. Wie kommst du auf so eine absurde Idee?“

Sergej schaute mich ungläubig mit großen Augen an. „Du hast Mickler nicht erschossen?“

„Nein, hab ich nicht, ich wollte ihm nur Angst machen, mehr nicht.“
Im nächsten Moment warnte mich eine innere Stimme, irre Gedanken rasten durch meinen Kopf. „Woher weiß Sergej, dass ich mich an Mickler rächen wollte?“

„ Moment mal Sergej, wir kennen uns doch jetzt gerade mal ein paar Tage, ich habe dir bisher nichts aus meinem Leben erzählt, woher weißt du, dass ich mit Mickler eine Rechnung offen hatte?“

„Oh, oh, das ist eine lange Geschichte“ , Sergej schaute mich nun verlegen an.

„ Ich hab viel Zeit Sergej, fang schon mal an.“

„ Nun, Karlheinz, ich bin dienstlich in Berlin, meine beiden Mitarbeiter kennst du ja auch bereits.
Wir, ich, ermitteln seit einem Jahr gegen eine Schleuserbande, die junge Mädchen aus Osteuropa, ganz besonders aus der Ukraine und Russland, unter falschen Versprechungen nach Deutschland locken.
Sie dann drogensüchtig machen und anschließend zur Prostitution zwingen.
Bitte, Karlheinz hab Verständnis, mehr kann und will ich dir derzeit nicht sagen.“

„Moment, Moment, Sergej, habe ich dich richtig verstanden, du bist von der

Russischen Polizei? Womöglich ein Agent von der KGB? Also darum sprichst du so gut deutsch? Ich hab mich schon darüber gewundert. Ja, dann arbeitest du auch mit den deutschen Behörden zusammen?"

„ Karlheinz, zu viele Fragen auf einmal! Ganz offiziell ist meine Mission nicht, wir arbeiten noch verdeckt. Erst wenn ich mehr Beweise gesammelt habe, schalte ich die deutschen Behörden ein. Ich halte mich da an ein deutsches Sprichwort: „Viele Köche verderben den Brei."

Seit einem 3/4 Jahr habe ich, dank früherer DDR-Kontakte, einige Bordelle und Nachtbars ausfindig machen können, und weiß wo diese Mädchen arbeiten.

Unter anderem bin ich auch hier bei Mickler fündig geworden."

„Aber Sergej, sag, was hat das denn alles mit mir zu tun?"

„ Tja nun, einer meiner ehemaligen DDR-Kontaktleute war dein Ex-Schwiegervater.
Er hatte den Mickler für mich ausfindig gemacht, und auch dafür gesorgt, dass wir beide uns in den Parkanlagen treffen.“

Bumm! Jetzt hatte es klick gemacht, auf einmal war mir vieles klar. Wie hätte ich sonst den Mickler finden können. Das war kein Zufall, das war ein abgekartetes Spiel, eingefädelt von meinem Ex-Schwiegervater. Verdammt, jetzt erkannte ich erst die Situation, in der ich mich augenblicklich befand. Er hat heute früh den Mickler erschossen, und ich sollte der Täter sein.

„ Sergej, du ahnst doch jetzt, wer den Mickler erschossen hat, nicht wahr?“

Sergej nickte, er schwieg, was sollte er auch noch dazu sagen. Er war ein Mitspieler in diesem hinterhältigen Spiel. Und ploetzlich hatte es Sergej ganz eilig. Da war kein Wort der Entschuldigung. Er meinte nur, dass er sich gleich um die Mädchen bei Mickler kümmern müsste. Es war ein wortloses Auseinandergehen.

Ich fuhr nach Hause, legte mich aufs Sofa, und überlegte: Warum hasst mich denn mein Ex-Schwiegervater so sehr, dass er mir das alles antut.

Montag Vormittag halb sechs.
Ich schreckte aus dem Schlaf, jemand klingelte Sturm. Terry, stürmte an die Wohnungstür und bellte.
„Moment, Moment! Ich komme ja schon“, rief ich genervt.

„ Ja wer ist denn da?“

„ Polizei! Machen sie sofort die Türe auf!“, brüllte es von draußen.
Ich öffnete die Tür einen Spalt, schaute hindurch und erblickte
eine größere Anzahl uniformierter Polizisten.
Noch bevor ich fragen konnte, was sie denn von mir wollten, sprang ein stämmiger Polizist gegen

die Türe, so dass diese aufflog und ich rücklings zu Boden fiel. Nicht genug, dass ich mir dabei mächtig den Kopf anstieß, stürzten sich zwei Polizisten auf mich, krümmten meine Arme auf den Rücken und fesselten mich mit Handschellen, dann hoben sie mich vom Boden auf und setzten mich krachend in meinen alten Ohrensessel.
Ich stöhnte. Mir brummte der Schaedel und ungläubig schaute ich in die Runde. Acht Polizeibeamte standen vor mir und in vorderster Front ein alter Bekannter.

„Herr Schilling!“ Ja was ist denn los, was wollen sie denn von mir?“

Kommissar Schilling gab keine Antwort. Er dirigierte seine Beamten.

„ Stellt die Bude auf den Kopf, irgendwo muss er seine Waffe versteckt haben.“

Dann wandte er sich an mich. „So, Herr Frank, nun zu Ihnen. Sie stehen unter dem Verdacht den Barbesitzer Mickler so wie dessen Kampfhund erschossen zu haben. Sie brauchen jetzt keinerlei

Aussagen zu machen. Wir wissen, dass Sie Selbstjustiz ausgeübt haben, und wir kennen auch den Grund zur Genüge!“

Im nächsten Moment war auch einer der Polizisten fündig geworden, freudestrahlend hielt er dem Kommissar den Revolver entgegen. Schilling schnupperte an der Waffe.
„Ach, der Herr Frank hat schon wieder alle Spuren beseitigt, frisch geputzt und eingeölt. Na, dann werden wir mal unsere Waffenexperten beschäftigen müssen.“

„ Herr Schilling, da brauchen sie keinen Waffenexperten, ich gebe zu, dass ich den Kampfhund vom Mickler erschossen habe. Aber den Mickler hab ich nicht erschossen, der war noch putzmunter, als ich seine Bar verlassen habe.“

„ Ich habe Ihnen doch bereits gesagt, dass sie keine Aussagen machen müssen. Sie müssen sich nicht selbst belasten. Besorgen Sie sich einen guten Anwalt, denn den werden sie jetzt nötig

brauchen.“ Schilling wandte sich wieder an seine Polizisten.
„Macht Feierabend, uns reicht der Revolver, und den Herrn Frank, den bringt ihr gleich im Untersuchungsgefängnis unter.“

„ Halt! Halt! Herr Kommissar. Meinen Hund, bitte bringen sie meinen Terry ins Tierheim Langwitz, von da hab ich ihn bekommen.“

Sie überführten mich ins Untersuchungsgefängnis.
Wie ein Verbrecher wurde ich behandelt. Sie machten Fotos, nahmen Fingerabdrücke, und anschließend sperrten sie mich in eine Zelle.
Kaum dort angekommen, erschien auch schon wieder der Kommissar Schilling mit seinem blöden Grinsen im Gesicht.

„Habe dafür gesorgt, dass ein Pflichtverteidiger nachher vorbeikommt. Sie können sich ja schon mal Gedanken machen, was sie dem erzählen wollen.“

Ich hatte keine Lust mit Schilling zu reden. Ich machte mir jetzt tatsächlich Gedanken, wie ich dem Anwalt diese ungeheuerliche Geschichte glaubhaft machen konnte.
Eine Stunde später öffnete sich meine Zellentür und ein schmächtiger älterer Herr, der aussah als hätte er das Renteneintrittsalter schon längst überschritten, trat ein.

„Guten Tag Herr Frank. Aldig ist mein Name. Mir wurde soeben das Mandat für ihre Verteidigung übertragen. Ich nehme an, dass sie mich als ihren Anwalt akzeptieren werden.“

„ Ich wüsste nicht, wozu ich einen Anwalt bräuchte. Ich hab dem Kommissar bereits alles gesagt. Ich habe nur Micklers Kampfhund erschossen, mit dem Tod von Mickler hab ich nichts zu tun.“

„Herr Frank, sie werden ganz sicher meine Dienste benötigen. Hier geht es ja

nicht um ein Falschparken oder um eine Geschwindigkeitsüberschreitung.
Hier geht es um Mord.
Der Kommissar erzählte mir, sie hätten ein gutes Motiv gehabt den Mickler zu töten. Er erzählte mir von dem Unfall ihrer Tochter."

„Pah! Unfall! Das war doch kein Unfall! Micklers Kampfhund hat meine Tochter getötet! Wie können sie da von Unfall reden."

„Entschuldigen sie Herr Frank, es steht mir nicht zu ohne Kenntnis der Aktenlage darüber zu befinden. Das ist Sache des Gerichts. Ich bin hier um ihnen im Mordfall Mickler beizustehen, denn hier sieht es schlecht aus für sie. Kommissar Schilling hat bereits Micklers Hundeleiche obduzieren lassen und wie es aussieht, stammen die Projektile aus ihrem Revolver."

„Hab ich das etwa bestritten! Ich habe doch bereits ausgesagt, dass ich diese Bestie erschossen habe!"

„Aber der Kommissar Schilling gibt sich nicht zufrieden damit, er will beweisen, dass sie auch den Mickler erschossen haben, nur sie hatten ein Motiv.“, sagte Aldig.

„Nun entschuldigen sie aber bitte, Herr Aldig, der Mickler war doch kein gottesfürchtiger Mensch. Das war ein Mädchenhändler, ein Zuhälter und ein Rauschgifthändler. Was glauben sie denn, wie viele Feinde so einer hat. Fragen Sie doch mal die Bardamen, am besten Ivonne oder noch besser den Sergej.“

„Wer ist denn Sergej, haben sie eine Anschrift von ihm, am besten sie geben mir gleich seine Telefonnummer.“

„ Mach ich sofort, wenn sie mir mein Handy besorgen, da sind all die Telefonnummern gespeichert. Dann können sie auch gleich mit ihm reden.“

Wenig später verabschiedete sich der Anwalt, er wollte sich wieder melden, wenn man ihm mein Handy ausgehändigt habe.

Einige Tage später.
Ein Gefängnisaufseher öffnete meine Zelle. „Herr Frank, sie wollen bitte mitkommen, Besuch ist für sie da."

Etwas verwundert, aber doch neugierig zugleich, wer mich da besuchen kommt, folgte ich ihm in den Besucherraum.

„Erika! Du?"
Obwohl ich mir geschworen hatte, mit dieser Familie nicht mehr zu reden, war ich jetzt doch neugierig, den Grund ihres Besuches zu erfahren.

„Wie komme ich zu der unverhofften Ehre deines Besuches, verehrte Ex-Schwiegermutter?", fragte ich.

„Mein Gott, Karlheinz, wie schlecht du aussiehst, bekommst du denn nicht genug zu essen?" ,und während sie das sagte, schob sie die Bild-Zeitung über den Tisch. „Ich wäre nicht gekommen, wenn ich dein Bild nicht erkannt hätte.

So erfuhr ich dass du im Gefängnis bist.“ Ich nahm die Zeitung, und da stand in fetten Lettern über die gesamte Breite der Titelseite:

Die Mörderbestie ist erlegt!
Über ein Jahr lang suchte der junge Familienvater Karlheinz F. diese Mörderbestie, die seine fünfjährige Tochter vor seinen Augen zerfetzte ......usw. Darunter ein Bild, von Micklers totem Kampfund.
Erika fing an zu weinen und schluchzte: „Karlheinz, warum musste denn gerade unsere Familie ein so schweres Schicksal erleiden?“
„Was meinst du mit unsere Familie? und was meinst du mit ein schweres Schicksal? Ich musste drei ertragen, den Tod von Tamara, dass sich deine Tochter scheiden ließ, und dass ich jetzt im Gefängnis sitze, weil dein Mann, Erika,

dein Mann, mir einen Mord untergeschoben hat!“, schrie ich sie an. „ Aber Karlheinz, was erzählst du denn da, doch nicht Vati!“

„Erika, er hat den Mickler erschossen Er ist der Mörder! Weiß er denn dass du mich besuchst?“

„Natürlich nicht, und ich werd´s ihm auch nicht sagen.“

„Entschuldige Erika, dich meine ich ja nicht, aber du hast keine Ahnung was ich bisher durchgemacht habe.“

Meine Schwiegermutter war kein schlechter Mensch, sie hatte ja selbst kein angenehmes Leben unter diesem Tyrannen. Und Iris, die war schon von Kindesbeinen an gewohnt, dass ihrer Mutter nur die Aufgaben einer Dienstmagd zukamen. Ihre täglichen kleinen Probleme und Fragen, die sie hatte, die besprach sie nur mit ihrem Vati.

„ Doch Karlheinz, ich kann`s mir vorstellen.

Ich verstehe es ja selbst nicht, warum Iris dich verlassen hat. Aber die beiden. Ach, was rede ich nur für dummes Zeug.“ Erika verstummte sofort.

„Halt, halt Erika, was willst du mir da eben sagen? Was sind das für Andeutungen?“

„Nein Karlheinz ich kanns dir nicht sagen, er bringt mich um, wenn ich ....!“

„Was meintest du mit die beiden? ‚sag schon.“

„ Ich kanns dir nicht sagen, bitte frag nicht weiter.“

Im nächsten Moment schluchzte sie laut. Ihr ganzer Körper bebte und ganz leise kam es über ihre Lippen: „ Ich denke, Vati und Iris, sie schlafen miteinander.“

„ Nein Erika! Das kann ich wirklich nicht glauben, und will ich auch nicht.“ sagte ich etwas laut. Und während ich das sagte, fielen mir plötzlich doch einige Merkwürdigkeiten ein, die ich bisher nicht einordnen konnte.

Der Aufsichtsposten räusperte sich und deutete auf die Wanduhr.
„Die Besuchszeit ist gleich zu Ende, bitte verabschieden sie sich langsam.“

„Möchtest du, dass ich dich wieder besuchen komme?“, fragte Erika mit trauriger Stimme.

Ich zwang mich zu einem Lächeln.
„Natürlich Erika, ich würde mich sehr darueber freuen.“

Wir verabschiedeten uns. Beim Hinausgehen schaute Erika zu Boden, blieb dann nochmals stehen und sagte verlegen: „ Ach, du erfährst es ja doch irgendwann, dann kann ich´s dir auch gleich sagen: „Die Iris, die, die ist jetzt mit deinem Arbeitskollegen, mit diesem Bernhard zusammen."

Kaum hatte sie es ausgesprochen, eilte sie davon.

Verflucht! Warum musste sie mir auch das noch sagen. Wie ein Tiefschlag in die Magengrube fühlte es sich an.
„Verdammt Bernhard, warum auch noch du, gerade du?"

War ich die vergangenen Tage noch kämpferisch aufgelegt, so war mir jetzt hundeelend.
An einem der folgenden Tage, erschien Kommissar Schilling. Diesmal hatte er Verstärkung mitgebracht und seine Drohung, mich weich zu kochen, schien er ernst zu meinen. Das Handy vom Kommissar läutete, sein Gesicht entspannte sich, als er die Nachricht vernahm und er wiederholte:
„So so, die Kugel mit der Mickler erschossen wurde stammt aus der Makarow-Pistole, die ihr in seinem Auto

im Handschuhfach gefunden habt, und da gibt es keinerlei Zweifel?“

Für Kommissar Schilling war diese Nachricht wie ein Sechser im Lotto. Es war Musik in seinen Ohren. Er fühlte sich bereits auf der Siegesstraße. Seine ganze Körperhaltung drückte einen nahenden Ermittlungserfolg aus, und mitleidig schaute er mich an. „ Jetzt hab ich sie im Sack!“, rief er laut, und verließ den Raum mit eiligen Schritten.
Ich war erschrocken über Schillings Neuigkeit. Wie kam eine Makarow-Pistole in mein Auto?

Das Unheil nahm seinen Lauf.
Kommissar Schillings Augen strahlten als man ihm die Makarow-Pistole vorlegte. Er murmelte leise vor sich hin: „Raffiniert, raffiniert, dieser Frank. Der wollte mich doch tatsächlich auf eine falsche Fährte führen, und fast wär‘s ihm auch noch gelungen.“

Ausgestattet mit diesen neuen Beweisen machte sich Schilling auf den Weg zum

Staatsanwalt, und dieser fackelte auch nicht lange, endlich hatten sie etwas zum Vorzeigen, etwas Unumstößliches in Händen.
In einer kurzfristig anberaumten Pressekonferenz traten die beiden dann ins Rampenlicht. Wurde ich in den zurückliegenden Zeitungsausgaben noch als leidgeprüfter trauernder Vater beschrieben, so konnte man dieses Mal in den Gazetten lesen:

Rambo verübt Selbstjustiz!
Ausgerasteter Vater erschießt Zuhälter!
Ein geistig verwirrter Vater läuft Amok!

Kommissar Schilling kam selbst nicht mehr zu Besuch, er schickte nur noch einen seiner Assistenten vorbei, um mir die Entscheidung des Staatsanwaltes zu übermitteln. Fast fiel ich vom Hocker, lachte hysterisch auf.
„Was! Ich soll zwei Waffen benutzt haben. Ja, spinnt ihr denn alle, ich hatte nur diesen Trommelrevolver!“, schrie ich, und verlangte gleich nach meinem Anwalt.

Als Aldig nach Stunden erschien und er mir die Untersuchungsergebnisse dann auch nochmals bestätigte, war ich fassungslos.

„Aber wenigstens sie glauben mir doch, Herr Aldig. Niemals habe ich eine zweite Waffe besessen. Was ist denn mit Schmauchspuren, kann man damit nicht feststellen ...? Die müssten doch dann an meiner Jacke sein?“

Rechtsanwalt Aldig schaute verdutzt, dann meinte er: „Sie schauen sich wohl gerne Krimis an. Aber im Prinzip haben sie schon Recht, Schmauchspuren lassen sich zuordnen, sofern man welche findet. Ich werde Kommissar Schilling nachher danach fragen.“

Aldig legte mir die Hand auf die Schulter. „ Herr Frank, ich glaube Ihnen, wer, wenn nicht ich als ihr Anwalt sollte es sonst tun, mir fallen diese Merkwürdigkeiten ja selber auf.

Das Ganze wirkt so konstruier, und so dumm können sie doch nicht gewesen sein? Da will sie jemand aufs Kreuz legen, und ich gebe zu, es ist bisher eindrucksvoll gelungen.“

Wieder schaute er mich an. „Haben sie eine Ahnung, wer das sein könnte!“

„Hab ich, ja, doch, fragen sie mal meinen Ex-Schwiegervater, wo er in der Tatnacht war.“

Zwei Tage später.
Rechtsanwalt Aldig kam wieder zu Besuch. Die Begrüßung fiel diesmal ziemlich kurz aus. Sein Gesichtsausdruck war noch nachdenklicher als sonst, und zu mir hingebeugt sagte er: „Herr Frank, wenn ich nicht wüsste, dass wir im wiedervereinten Deutschland leben, man könnte annehmen, die Stasi hat ihre Hände im Spiel. Es sieht wirklich nicht gut aus für sie. Denn auf dem Polizeirevier bei Kommissar Schilling hatten sie einst kundgetan, und das vor

Zeugen, dass sie den Mörder ihrer Tochter zur Rechenschaft ziehen werden. Nun ist der Mickler tot, sein Hund ist tot und zufällig hat ihr Schwiegervater ein Alibi. Und ganz nebenbei, ihre beiden Zeugen, diese Bardame und dieser Sergej, die sind nicht auffindbar, auch die gespeicherte Handynummer von ihm, dazu gibt es keine Verbindung.

Wir haben keine Chance, die Anklageschrift ist bereits geschrieben:

„Mord aus Rache“

Und so lautet die Urteilsbegründung:

Der Angeklagte hat zugegeben, dass er den Kampfhund „ Herkules“ mit vier Schüssen aus seinem Trommelrevolver Kaliber 9mm erschossen hat.
Die Tatwaffe, sie wurde in der Wohnung von Herrn Frank sichergestellt.
Auffallend war, dass diese Waffe fein säuberlich gereinigt und ohne Fingerabdrücke war. Dennoch konnte

die Benutzung der Tatwaffe durch ein Gutachten bestätigt werden.
Das Gerichtsmedizinische Gutachten konnte weiter bestätigen, dass die Kugel, welche zum sofortigen Herztod des Opfers führte, aus der Pistole Modell Makarow 9x18 stammt. Diese Waffe wurde im Wagen, im Handschuhfach, von Herrn Frank sichergestellt. Auch hier war die Waffe wieder fein säuberlich gereinigt und die Fingerabdrücke entfernt worden.
Nur dem schnellen Zugriff unserer Polizei war es zu verdanken, dass der Angeklagte keine Gelegenheit mehr hatte, diese Waffen zu beseitigen. Der Angeklagte bestreitet die Tötung des Herrn Mickler, was für das Gericht aber nicht nachvollziehbar ist.
Der Angeklagte hat bei mehreren Besuchen im Polizeirevier geschworen, den Besitzer des Kampfhundes zur Rechenschaft zu ziehen.

Der Angeklagte hat diesen heimtückischen und hinterhältigen Mord von langer Hand bis ins kleinste Detail hinein geplant, er hatte sich sogar dafür einen Kampfhund angeschafft, um sein Opfer ausspionieren zu können.

Das Gericht nimmt aber zur Kenntnis, dass der Angeklagte seit längerer Zeit in einer Nervenklinik, wegen einer Traumabewältigung, behandelt wurde. Es ist daher nicht auszuschließen, dass er unter einem psychischen Druck, ja unter Wahnvorstellungen litt. Der Angeklagte hat ….

Das Gericht verurteilt den Angeklagten zu 5 Jahren Gefängnis.

Ich hörte der Urteilsbegründung nicht mehr zu, für mich war das Urteil eine schreiende Ungerechtigkeit und geradezu lächerlich. Natürlich hatte ich Micklers Kampfhund erschossen und natürlich hatte ich auch Grund genug Mickler zu erschießen. Doch diese Makarow-Pistole in meinem Wagen, die Richter hätten die Konstruktion doch bemerken müssen.

Sicherlich lag es aber mit an der Unerfahrenheit dieser jungen Richter. Denn nach der Wende und großen Säuberungsaktion in Ostdeutschland, wurden viele frei gewordenen Richterstellen mit jungen unerfahrenen Leuten aus dem Westen besetzt. Oder es war die zweite Garnitur, die sonst im Westen, in der Provinz, versauert wäre.

Nur Rechtsanwalt Aldig glaubte auch weiterhin an meine Unschuld, und ebenso mein Klinik-Psychologe. Er hatte mit seinem Gutachten dem Gericht die Problematik meiner Trauma-Bewältigung näher gebracht, und nur den beiden hatte ich es letztlich zu verdanken, dass ich nicht noch länger einsitzen musste.
Sie führten mich aus dem Gerichtssaal und ich wusste was mich erwartete.
Ein trauriges, sinnloses Leben in einer Gefängniszelle. Den Vorgeschmack hatte ich ja schon während meiner Untersuchungshaft bekommen. Ein Tag war wie der andere! Eine Woche wie die vorangegangene und ein Monat so langweilig wie der davor. Von den

Mithäftlingen wurde ich nach anfänglichen Schikanen in Ruhe gelassen. Ja, in den ersten Tagen, da erntete ich sogar noch ihr Bewunderung, doch als ich ständig wiederholte, dass ich den Mickler garnicht erschossen habe, wurde ich uninteressant für sie.

Aufstehen halb sechs, Frühstück, Arbeit, Freigang im Gefängnishof, zurück in die Zelle, so war der Tagesablauf. Sehr schnell hatte ich kapiert, wie ich mich zu verhalten hatte, um nicht anzuecken. Es genügte manchmal schon eine Kleinigkeit, um eine handfeste Auseinandersetzung auszulösen.
Hier galt das Gesetz des Stärkeren, das Faustrecht, und wer als naiver Neuling damit rechnete, dass sich die Aufseher einmischen wuerden, der wurde schnell eines Besseren belehrt.

Wichtig war es, sich einer Gruppe anzuschließen, doch dieses gestaltete sich schwieriger als ich dachte. Die größte Gruppe bildeten die Türken, gefolgt von den Russland-Deutschen, die innerhalb ihrer Gruppe den größten Zusammenhalt pflegten und auch den florierenden Rauschgifthandel im Gefängnis betrieben.

Die kleinste Gruppe bildeten die Deutschen selbst, und die wenigen Intellektuellen unter ihnen hatten es besonders schwer. Meistens waren sie auch noch körperlich unterlegen und mussten Schutzgeld zahlen, um nicht unter die Räder zu kommen.

Doch die schwierigsten Bedingungen hatten die Kinderschänder, sie wurden von keiner Gruppe akzeptiert und manch einer von ihnen musste das gleiche Schicksal einer Vergewaltigung über sich ergehen lassen, ja bestimmt noch öfter und heftiger.

Ich hatte großes Glück, dass ich aufgrund meiner Ausbildung
in der Produktionswerkstatt zum stellvertretenden Werkstattleiter aufgestiegen war, und sogar als Nachhilfelehrer für die Kandidaten der

Lehrwerkstatt gefragt war. Dadurch hatte ich manchen Vorteil. Ich sah ja, wie es den anderen Neulingen erging.
Nur nicht nachdenken, Ablenkung hieß das Zauberwort, man wird sonst verrückt hier drin.

Hin und wieder bekam ich Besuch von meiner Ex-Schwiegermutter.
Gleich beim zweiten Besuch hatte sie mir ein Poster von Tamara mitgebracht, mit dem ich meine Zellenwand schmückte. Tamara! Mit ihren schwarzen Kulleraugen schaute sie lächelnd von der Wand, und immer, wenn ich verzweifelt und am Boden war, und mit dem Schicksal haderte, dann schaute ich zu ihr hoch, schaute in ihr hübsches, lachendes Gesicht und dann kam die Lebensfreude wieder zurück.
Es war ein Wechselbad der Gefühle.
Dachte ich an Sergej und Olga, dann fühlte ich eine tiefe Leere, eine bittere menschliche Enttäuschung. Warum hatte Sergej ein so falsches Spiel
mit mir gespielt? Wie konnte ich mich nur so in diesen beiden Menschen

täuschen? Wut und Zorn überfielen mich, wenn ich an sie dachte. Seit dem Tod meiner kleinen Tamara habe ich mich nicht mehr so traurig gefühlt. Ich bin kein gläubiger Mensch, glaube nicht an die naiven kindlichen Bibelgeschichten. Die Guten kommen in den Himmel und die Bösen in die Hölle.

Doch ich bin kein schlechter Mensch, also warum in Gottes Namen bin ich in dieser Hölle gelandet? Ja, ich gebe zu ich habe zu „Ihm" gebetet, hab geschrieen, warum er mir das antut, doch er gab mir keine Antwort.
Es war kurz vor Weihnachten, kurz vor Heilig Abend, als ich Post erhielt. Es war der einzige Brief, den ich in diesem Jahr erhielt. Er war geöffnet, war kontrolliert worden wie gewöhnlich. Erst dachte ich: Oh, einer der üblichen Weihnachtsgrüße von der Kirche. Doch diesmal war er an meine alte Anschrift adressiert. Komisch? Nach genauerem Hinsehen erkannte ich, er war in Russland abgestempelt.

Das ist doch nicht möglich, das ist unmöglich. Mein Herz klopfte plötzlich bis zum Hals, leicht schwindlig wurde mir, und mit zittrigen Fingern zog ich das Schreiben aus dem Kuvert.

„Olga! Ein Brief von Olga ?"

„Lieber Karlheinz.
Du wunderst dich sicherlich, dass ich Dir schreibe, nach all den Jahren, und nie zuvor ein Lebenszeichen von mir gab. Doch lieber Karlheinz, es gab Gründe dafür, die ich Dir hier nicht mitteilen kann. Vielleicht findet sich ja einmal eine Gelegenheit, dass wir darüber reden können. Ich habe eine schreckliche Zeit hinter mir. Du kennst doch meine Heroingeschichte. Mehrmals habe ich einen Entzug gemacht, aber jetzt bin ich, Gott sei Dank, wieder völlig gesund und schmiede Zukunftspläne.
Doch nun zum Wichtigsten, was ich Dir mitteilen muss. Sergej ist gestorben.

Er hatte einen mysteriösen Autounfall in der Nähe von Hannover und ist dabei in seinem Wagen verbrannt.
Wie das passieren konnte, wurde nicht festgestellt, komischerweise wurden die Ermittlungen sehr, sehr frühzeitig, und ohne Angabe von naeheren Gründen eingestellt.
Bei der Auflösung seines Nachlasses und der Durchsicht seiner persönlichen Unterlagen fanden wir einen Brief, der an Dich adressiert war. Ich war der Meinung, dass Du diesen Brief bekommen solltest. Wie Du siehst, ist das Kuvert schon etwas verblasst. Ich nehme an, er hat den Brief schon vor Jahren geschrieben. Bitte schreib mir ein paar Zeilen zurück, ich würde mich sehr darüber freuen.
Ich wünsche Dir
ein frohes Weihnachtsfest.

In Liebe, Olga.

Ich legte Olgas Brief beiseite, mir war so seltsam zumute. Sollte ich lachen, weinen, oder sollte ich vor Zorn

aufschreien? Hatte ich doch die beiden verflucht und zur Hölle gewünscht! Da war kein Wort der Entschuldigung.
„Ja weiß Olga denn nicht, dass ich im Gefängnis bin?“

Erneut griff ich zum Briefumschlag und entnahm das andere zusammengefaltete, verblichene Kuvert heraus.

Hallo Karlheinz.
Ich weiß nicht, wie ich anfangen soll, schon seit Wochen versuche ich Dir einen Brief zu schreiben, doch jedes Mal wenn er fertig ist, zerreiße ich ihn wieder. Jetzt sitze ich wieder an meinem Schreibtisch, habe bereits eine halbe Flasche Wodka getrunken, um mir Mut zu machen. Ich muss mein Gewissen erleichtern, muss Dich um Verzeihung bitten. Erinnerst Du dich noch an unser Treffen im Cafe Belgrad? Natürlich erinnerst Du dich. Du erzähltest damals von deiner kleinen Tamara und dass Micklers Kampfhund sie totgebissen hat.

Doch heute sollst Du wissen, dass ich diese Geschichte schon ein halbes Jahr zuvor gehört habe. Du erinnerst dich auch noch bestimmt daran, dass ich Dir erzählte, dass ich früher als Nachrichtenoffizier in der DDR tätig war. Einer meiner damaligen deutschen Kollegen und Mittelsmänner war dein Ex-Schwiegervater. Er und seine Kollegen, haben mich auf Mickler aufmerksam gemacht. Dein Ex-Schwiegervater kannte diesen Mickler.
Er hatte in Micklers Villa, eine Videoüberwachung und Alarmanlage montiert, und durch Zufall sah er eines Tages seinen Kampfhund und dann startete er mit einem hinterhältigen Plan.

Hast Du dich nicht darüber gewundert, als Du mich fragtest ob ich den Mickler kenne, dass ich dir gleich auf Anhieb sagen konnte, wer dieser Mickler ist, dass er eine Nachtbar betreibt usw.
Nun, ich glaube Du warst damals so erfreut etwas über diesen Mickler zu erfahren, dass es dir nicht auffiel.

Dein Ex-Schwiegervater und seine Kollegen waren über all deine Aktivitäten informiert, sie hatten dich ständig beschattet.
Auch über deinen letzten Besuch, in Micklers Bar, wussten sie Bescheid. Schliesslich hatten sie die Spur ausgelegt, damit Du genau das tust,
was sie geplant hatten. Sie waren es auch, die Mickler nach deinem Besuch erschossen haben, um es dir dann in die Schuhe zu schieben.

Aus der Bild Zeitung habe ich später erfahren, dass man dich verhaftet hat, doch ich war fest davon überzeugt, dass man dich bald wieder frei lassen würde. Dass Du dann doch verurteilt wurdest, hat mich doch dann sehr sehr nachdenklich gemacht.
Bitte verstehe mich, ich konnte dir nicht helfen, ich konnte nichts tun,
ohne mich selbst in Gefahr zu bringen.
Du hast es ja jetzt erlebt, wie diese alten Seilschaften der Stasi selbst heute noch funktionieren. Bitte verzeihen mir!
Sergej

Sergejs Brief war mir aus der Hand gefallen, und hätte mich jemand mit einer Nadel gestochen, ich glaube kein Tropfen Blut wäre ausgetreten.

Mein Ex Schwiegervater ! Natürlich, warum bin ich nicht selbst darauf gekommen? Dieser eiskalte Hund! Aber um Gottes Willen, was habe ich meinem Schwiegervater denn angetan, dass er so von Hass getrieben gegen mich vorging und mich ins Gefängnis brachte.

Tamaras Tod kann es doch nicht allein gewesen sein? Hatte Iris etwas damit zu tun?“ Ich überlegte, dunkle Gedanken beschlichen mich, ja wenn er und Iris wirklich ein Paar waren, ja, warum hat sie mich dann geheiratet.
Nein! Das konnte und durfte nicht wahr sein. Aber Erika würde es doch nicht behaupten? Warum sollte sie sowas erfinden? Aus, Schluss! Denke an etwas anderes!

Mein Blick ging zur Wand, zum Poster von Tamara. Sie sah mich mit ihren strahlenden Augen an, doch es wurde mir nicht warm ums Herz, dieses Mal funktionierte es nicht. Meine Gedanken kehrten immer wieder zurück zu meinen Ex-Schwiegervater, er ging mir nicht mehr aus dem Kopf.

Ich schrie vor Zorn:
„Du hast wohl gedacht ich bekomme lebenslänglich, du Schwein! Aber es sind nur noch sechs Monate, lieber Schwiegervater, nur noch sechs winzige Monate."

Es war Mitte September, als sich das Gefängnistor fuer mich öffnete.

Niemand war da, der mich abholte.
„Erika wollte doch kommen? Sie hatte es versprochen. Ja, vielleicht ist sie noch auf dem Weg hierher?"

Also wartete ich etwa eine halbe Stunde, doch als sie dann nicht erschien, ging ich zu Fuß zum U-Bahnhof. Bei all den

menschlichen Enttäuschungen, die ich bisher erlebt hatte, war dies wohl die Kleinste.
Zeit hatte ich ja jetzt genügend, und mein ganzes Gepäck, welches ich in zwei großen Plastiktüten verstaut hatte, war auch nicht schwer zu tragen.

Mit der U-Bahn fuhr ich nach Lichtenberg, Haltestelle Frankfurter Allee, und dann zu Fuß in die Normannenstrasse, dort hatte das Sozialamt mir eine Einraumwohnung zugewiesen. Es war keine Luxuswohnung, das konnte man nicht behaupten, doch sie war mit dem Allernötigsten ausgestattet.
Selbst der kleine Kühlschrank war mit Lebensmitteln gefüllt, die für mindestens drei Tage reichten. Gut, den einen oder anderen Wermutstropfen gab es schon. Zum Beispiel die Gemeinschaftstoilette und die Dusche befanden sich auf dem Flur. Doch warum beklage ich mich, wenigstens gab es kein Gitter vor dem Fenster und ich war frei, frei wie ein Vogel. Die erste Nacht, sie war

unmöglich. Zum ersten Mal schloss ich selbst die Tür zu. Lächerlich, und dann diese viel zu weiche Matratze und die vielen unbekannten Geräusche in der Nacht, sie ließen mich nicht einschlafen, und so lag ich lange wach und überlegte. Eigentlich gab es nicht viel zu überlegen, was ich nicht schon die letzten 5 Jahre gedanklich durchgespielt hatte, ich war mir nur noch nicht im Klaren in welcher Reihenfolge ich vorgehen wollte.
Am nächsten Morgen gegen 11 Uhr saß ich in der U-Bahn und fuhr nach Pankow. Ich wusste ja, wo der Elektroladen war, den mein Ex-Schwiegervater übernommen hatte. Ich ging auf dem Gehweg der gegenüberliegenden Straßenseite und schaute auf ein vierstöckiges Gebäude, mit einer hohen Toreinfahrt, die zum Innenhof führte. Ein meterhohes Werbeschild thronte über der Schaufensterfront, in dem Fernseher, Videogeräte und Computer ausgestellt waren.

ELEKTRO HILLER GmbH - Videoüberwachung – Warnanlagen – Gebäudesicherung.

Ich setzte meine Sonnenbrille auf, zog mir die Schirmmütze in die Stirn und überquerte die Straße. Ich stand keine zwei Minuten vor dem Schaufenster, da öffnete sich nebenan die Eingangstür und ein älterer grauhaariger Mann, mitte 60, kam heraus.
Ich brauchte auch nicht lange zu überlegen, es war mein Ex-Schwiegervater, der jetzt vor mir stand.
„ Ich hab schon mit deinem Besuch gerechnet. Darf ich fragen was du hier willst?“ fragte er mit ruhiger gefasster Stimme.

„ Natürlich darfst du fragen, verehrter Ex-Schwiegervater. Ich würde mich gern mit dir unterhalten, wenn’s möglich wäre?“

„ Ich wüsste nicht, was wir zu besprechen haben, ich lege keinen Wert darauf.“

„ Gut, wenn du keine Aussprache möchtest, dann werde ich den Brief, den ich von Sergej erhalten habe, meinem Anwalt übergeben.“

„ Bluff! Alles nur Bluff! Der Sergej ist tot, was nützt dir also ein Schreiben von einem Toten!“

Bei mir läuteten die Alarmglocken. Woher wusste er, dass Sergej tot ist?

„So, du gibst also zu, dass du Sergej kanntest und mit ihm zusammen gearbeitet hast?“

„ Hey, Junge! Willst du mir etwa drohen, du weißt gar nicht, mit wem du dich da anlegst?“

„ Oh, verehrter Stasi-Schwiegervater, das weiß ich mittlerweile sehr genau, aber wenn du nicht mit mir reden willst, dann werde ich wohl Iris besuchen müssen.

Vielleicht möchte sie ja ihr Gewissen erleichtern, mir etwas über eure intime Beziehung erzählen.“

Bums! Das hatte gesessen. Noch nie habe ich einen Menschen mit so einem bösen Blick gesehen. Wenn er gekonnt hätte, er hätte mich auf offener Straße erwürgt. Dieser Hass, der mir da augenblicklich entgegenschlug. Ich hatte es gewagt, sein dunkelstes Geheimnis auszusprechen, obwohl es doch bisher nur eine Vermutung war. Mit dieser Überreaktion hatte er mir gezeigt, dass es wirklich wahr ist.

Er zeigte ein eiskaltes Lächeln und leise zischte er: „Lieber Karlheinz, Du wirst bald wieder in einer Zelle schmoren, und dann werden es mindestens 15 Jahre sein, das schwöre ich dir.“

Ich weiß nicht, woher ich plötzlich den Mut nahm. „Hey, alter Mann! Wir leben nicht mehr in der DDR, deine Stasi-Zeiten als großer Zampano sind vorbei.

Wenn du das auch noch nicht wahr haben willst. Deine Stasi-Kumpanen werden dich fallen lassen, wie eine heiße Kartoffel, denn einen Kinderschänder will garantiert keiner zum Freund haben. Wir werden ja sehen wer wohl künftig in der Zelle schmoren wird."

Ihm und mir war in diesem Augenblick klar, eben hatten wir eine unsichtbare Linie überschritten, es war eine Kampfansage auf Leben und Tod.
Ich brauchte eine ganze Weile, bis ich mich wieder beruhigt hatte. Hemd und Jacke hatte ich mir durchgeschwitzt. Ich zog die Jacke aus, haengte sie ueber die Schulter und spazierte zurück zur U-Bahn-Station und fuhr quer durch die Stadt, Richtung Spandau zu den Siemenswerken,wo Bernhard, mein ehemaliger Arbeitskollege, als Produktionsleiter arbeitete.

Wenige Meter vor dem Pförtnerhaus gab es noch die alte Cafe-Stube, in der wir früher regelmäßig Kaffee tranken und den selbstgebackenen Butterkuchen nach

Feierabend aßen. Ich ging hinein, gab meine Bestellung auf und setzte mich an einen Fensterplatz, so dass ich das Werkstor, das Berhard bei Arbeitsschluss passieren musste, gut im Blick hatte.

Die Wirtin brachte nach wenigen Minuten die Bestellung, wünschte guten Appetit und schaute irritiert, überlegte, und dann fragte sie: „Sind sie nicht der Herr Frank vom Gerätewerk?“ , sie lächelte und wartete gar nicht erst auf meine Antwort.
„ Mein Gott, das sind doch bestimmt sechs Jahre her, dass Sie zuletzt hier waren?“, meinte sie

„ Genau.“, gab ich lachend zur Antwort.
„Sie waren im Ausland? Ihr Arbeitskollege, der Herr Seidel hat`s mal erwähnt.“

Es war mir natürlich recht, dass sie das annahm. Ich hatte nämlich keine Lust, über meine Knastzeit zu erzählen.

„ Aber jetzt bin ich nur wegen Ihres Kuchens gekommen“, sagte ich scherzhaft und fragte: „ Kommt denn mein Kollege Seidel noch vorbei?“

„ Ja, natürlich, Sie wissen doch, dass er ne Kaffeetante ist, und neuerdings kommt er sogar mit einer hübschen Kollegin vorbei.“

Neue Gäste traten ein und ich war froh, dass damit unser Gespräch zu Ende war. Ich nahm mir eine der ausgelegten Illustrierten und las. Immer wieder schaute ich mal auf die Uhr, um ja Bernhard nicht zu verpassen.

Dann war es so weit. Bernhard tauchte in der Menschenmenge auf und neben ihm ging eine junge, schwarzhaarige Frau. Wie von der Wirtin angekündigt, kamen die beiden direkt zum Cafe. Ich wechselte schnell die Tischseite, so dass ich nun mit dem Rücken zur Eingangstür saß.
Die beiden traten ein, grüßten in die Runde, und schon war es auch geschehen. Noch bevor Bernhard einen Tisch ansteuern konnte, war die Wirtin

freudestrahlend auf ihn zugestürzt und rief: „ Raten Sie mal, wer zu Besuch ist?“

Bernhard sagte nichts, er schaute sich im Raum um. Ich war mir sicher, er hatte mich sofort erkannt, wenn er auch nur meine Rückseite sah.
Er sprach noch ein paar Worte mit seiner Begleiterin, worauf diese sich eilig von ihm verabschiedete. Bernhard trat an meinen Tisch, legte mir die Hand auf die Schulter und sagte: „ Na, endlich wieder zu Hause!“
Ohne auf Antwort zu warten, setzte er sich gegenüber.
„Verdammt mutig.“, fand ich, ich hatte es ihm gar nicht zugetraut. Ich ging davon aus, dass er und seine Begleiterin zusammen das Cafe schnell wieder verlassen würden.
„ Hab ich dir Dein Rendezvous vermasselt?“, fragte ich mit aufgesetztem Lächeln.

„Nein nein, es ist nicht so wie du denkst, sie ist nur eine Arbeitskollegin. Ich dachte sie würde nur unsere Unterhaltung stören und hab sie weggeschickt.“

„ War doch nicht nötig, dann hätte sie gleich mitbekommen, was du für ein edler und hilfsbereiter Freund bist.“

Bernhard wusste nicht, was er antworten sollte, er schwieg und schaute zu Boden.

„ Nun Bernhard, ich will dir keine Vorwürfe machen, bist ja selber ein armer Hund, der nicht über seinen Schatten springen kann. Ich hoffe nur, dass du in all den vergangenen Jahren wenigstens manchmal ein schlechtes Gewissen hattest.“
Bernhard schwieg noch immer, machte aber wenigstens den Versuch, meinem Blick nicht mehr auszuweichen.
„ Hab gehört du bist mit Ingrid zusammen, und, klappt es mit euch beiden? Oder ist der „Vati“ auch mit dir nicht zufrieden?“
Als hätte ich in ein Wespennest gestochen. Bernhard richtete sich wieder auf, holte kräftig Luft, und dann sprudelte es regelrecht aus ihm heraus:

„ Der hat ein Rad ab, der Alte! Der benimmt sich wie ein eifersüchtiger Gockel. Ruft fast jeden Tag an und will wissen, wie es Iris geht.
Bei jeder Kleinigkeit mischt er sich ein und ist dann „stinksauer“, wenn wir nicht das machen, was er vorgeschlagen hat. Er ist ein alter Besserwisser und ständig streite ich mich deswegen mit Iris.
Gäbe es nicht unseren Benjamin, ich hätte schon längst das Weite gesucht, soll sie doch mit ihrem Vati zusammen leben.“

„ Wie ? Du hast einen Sohn!? Ja wie alt ist er denn?“, fragte ich ganz aufgeregt.

„Benjamin, ist 13 Monate alt und mein ganzer Stolz, den kann man nicht mehr allein lassen, der räumt dir jede Schublade aus und plappert wie ein Wasserfall.“
„ Dann gratuliere ich dir Bernhard von ganzem Herzen, ich weiß wie schön es ist Vater zu sein.
Meinst du, dass ich ihn mal sehen kann?“

Das Eis war gebrochen, Bernhard, dessen größte Sorge es wohl war, wie ich auf die Situation, dass er mit Iris zusammen ist, aergerlich reagiere, wirkte nun ganz entspannt und das war ganz in meinem Sinne.

„ Meinst du, Iris hätte etwas dagegen, wenn ich kurz mitkomme und deinen Sohn sehe?“

In diesem Moment hatte ich ihn völlig überrumpelt, zudem lächelte ich ihn auch noch an, es blieb ihm gar nichts anderes übrig.

„ Wir nehmen Iris noch ein Stück Butterkuchen mit, was meinst du ?“, fügte ich lächelnd hinzu.

Er konnte jetzt nicht mehr zurück. Ich sah es ihm an, dass er mit sich kämpfte, schließlich hätte er Iris darauf vorbereiten müssen.

„ Die wird Augen machen, wenn sie mich sieht. Aber sei unbesorgt, ich werde nicht mit ihr streiten, schließlich sind wir doch erwachsene Menschen, und wir beide sind uns ja auch nicht mehr böse."

Bernhard lachte: „Die wird sich höchstens ärgern, weil nicht aufgeräumt ist. Aber das ist für dich ja auch nichts neues, wir beide wissen, dass Iris kein Putzteufel ist."

Kurze Zeit später fuhren wir mit Bernhards Wagen zu ihm nach Hause. Bernhard wohnte nur wenige Fahrminuten entfernt in einem neuen 5-Etagen Appartmenthaus.
Er parkte in der Tiefgarage und beim Aussteigen meinte Bernhard: „ Du musst aber nicht erzählen, dass ich eine Kollegin dabei hatte!"

„ Aha, also doch!", ich gab ihm einen Puffer in die Rippen und schmunzelte.

Bernhard öffnete die Tür und wollte gerade aussteigen, da fiel mir ein:

„ Warte noch einen Moment, ich muss dir noch was zeigen.“

Ich griff in meine Jackentasche und zog Sergejs Brief heraus. Bernhard las und war geschockt.

„ Nur damit du weißt, mit wem du es zu tun hast, du sollst wissen, was für eine Kanaille dein künftiger Schwiegervater ist.“

Bernhard sagte kein Wort mehr, wir fuhren mit dem Aufzug in die oberste Etage, er schloss die Wohnungstür auf und rief: „ Hallo meine Lieben, wo seid ihr ?“

Iris rief zurück. „In der Küche!“ Benjamin kam uns entgegengewackelt.

„ Papa.“, sagte er, dann deutete er mit dem Fingerchen auf mich und schaute mich mit großen fragenden Augen an. Bernhard sagte: „Das ist der Onkel Karlheinz, sag mal guten Tag zu ihm.“

Noch bevor der kleine Benjamin ein Wort formulieren konnte, fielen in der Küche mehrere Teller krachend zu Boden und Iris kam angerannt.

„ Haben wir nicht gestern Abend noch ausgiebig darüber gesprochen, dass du ihn nicht mit nach Hause bringen sollst!“, schrie sie mit sich überschlagender Stimme.

Sie holte kräftig Luft, schaute dann zu mir und schrie weiter: „Was willst du denn hier, unser Lebensabschnitt ist beendet, amtlich besiegelt.

Ich lege keinen Wert auf eine Wiederbelebung, verschwinde!“

„ Mein Gott, Iris! Ich will dir doch nichts Böses, komm sei vernünftig, ich geh ja schon wieder.“

Iris sagte nichts mehr, sie starrte mich nur hasserfüllt an und streckte den Arm in Richtung Ausgangstür.

Ich schaute Bernhard an, der hob nur die Achseln und meinte: „ Ja Karlheinz, wir haben gestern Abend über dich gesprochen, über die Möglichkeit, dass Du bei mir in der Firma auftauchen könntest.
Ich wollte dich ja auch nicht mit nach Hause nehmen, aber nachdem wir uns ausgesprochen hatten, gab es keinen Grund mehr, es nicht zu tun."

Iris ergriff wieder schreiend das Wort: „Bernhard, es ist mir egal, dass ihr beide euch ausgesprochen habt, entweder geht er oder ich!"

„ Iris, ich geh schon, ich werde dich auch nie wieder belästigen, versprochen.
Doch einen Rat möchte ich dir noch geben: Du solltest unbedingt einen Psychiater aufsuchen und die Beziehung mit deinem Vater aufarbeiten, sonst wirst du auch mit Bernhard nicht glücklich werden."

„Was redest du für eine Scheiße! Mein Vater hat mir nichts getan! Verschwindet alle beide.“

„ Ich weiß, dass er dich nicht geschlagen hat! Er tut was viel Schlimmeres, er liebt dich mehr als erlaubt ist!“
Iris bekam einen Tobsuchtsanfall, schrie und stampfte auf den Boden, so dass Bernhard und ich umgehend die Wohnung verließen. Wir saßen noch etwa eine Stunde in seinem Wagen in der Tiefgarage und erzählten von den Auffälligkeiten zwischen Iris und ihrem Vater, und was Erika mir erzählt hatte.

Bernhard begleitete mich dann noch bis zur nächsten U- Bahn-Haltestelle , und wir verabschiedeten uns.

Zu Hause.
Der Hunger war mir nach diesem Besuch total vergangen, ich oeffnete den Kuehlschrank, entnahm ein „kühles Blondes“ und machte es mir im Sessel vor dem Fernseher gemütlich.

Ich musste eingeschlafen sein, ich hatte kein Klingeln gehört, erst ein heftiges Poltern an die Zimmertür ließ mich aufschrecken.

„ Ja was ist denn los!“, antwortete ich erschrocken.

„Polizei! Sofort aufmachen!“
Ja das fängt ja gut an, da bin ich einen Tag aus dem Knast raus und schon taucht dieses Gesindel wieder auf, dachte ich.

Ich öffnete die Tür. Im nächsten Augenblick packten mich zwei hoch gewachsene Raufbolde in Polizeiuniform am Kragen, es machte Klick und sie hatten mir Edelstahlarmreifen verpasst. Ohne mir zu erklären, was los war, fingen sie an, meine Wohnung auf den Kopf zu stellen.

„Was hab ich denn dieses Mal wieder angestellt? Habt ihr denn einen Haftbefehl oder Durchsuchungsbeschluss?“, fragte ich einen der Polizisten, der untätig zusah.

„Kriminalhauptkommissar Schilling will, dass wir Sie zum Verhör aufs Revier bringen.“
„ Ha! Der Schilling hat Karriere gemacht!“ schrie ich lachend und ließ mich widerstandslos abführen.

KHK-Schilling saß mit zwei, in zivil gekleideten Herren, die sich auch nicht vorstellten, bereits in einem Verhörzimmer.

Einer hantierte an einem Aufnahmegerät, und Schilling eröffnete das Gespräch: „Guten Abend Herr Frank! Damit haben Sie wohl nicht gerechnet, dass wir uns so schnell wiedersehen, nicht wahr?

„ Nein, Herr Schilling, das hab ich garantiert nicht.“

„ Kriminalhauptkommissar Schilling für Sie bitte!“, raunzte er.

„Eingebildeter Affe, eigentlich hätte man dich zusammen mit dem Staatsanwalt degradieren müssen, so stümperhaft, wie ihr euch angestellt habt.“, dachte ich bei mir.

„Vielleicht zeigen sie mir erst mal den Haftbefehl und Durchsuchungsbeschluss,bevor Sie mich verhören wollen, sie behandeln mich ja wie einen Schwerverbrecher.“

„ Na, na, Herr Frank, so schlimm wird´s wohl nicht werden, wird wollen nur mit Ihnen reden. Können sie sich nich denken, warum wir sie zu dieser späten Nachtstunde abgeholt haben?“

„ Nein Herr Schilling! Lassen wir doch das Ratespiel! Was liegt gegen mich vor?“, fragte ich zornig.

„Sie haben doch heute Abend ihren alten Freund Bernhard Seidel besucht, können Sie uns dazu etwas sagen, Herr Frank?“

„Natürlich kann ich das, ich habe meinen Arbeitskollegen fast 6 Jahre nicht mehr gesehen, da gab´s einiges zu erzählen und zu klären."

„ Meinen Sie so wie mit dem Mickler, da hatten Sie doch auch nur Klärungsbedarf, nicht wahr, Herr Frank?"

„Um Gottes Willen Herr Schilling! Ist der Seidel tot?"

„ Sehr gut kombiniert, Herr Frank, mausetot ist er, so mausetot, wie man nur sein kann mit einem Kopfschuss. Er lag tot im Aufzug."

„ Mein Ex-Schwiegervater! Herr Schilling, Sie wissen es doch, dass es wieder der Hille war! Ja wollen Sie vielleicht wieder in dieselbe Falle tappen?"

KHK-Schilling und einer der anwesenden Herren verließen das Zimmer, es dauerte einige Minuten, dann kamen sie zurück.

„ Herr Frank, unser Gespräch ist schon beendet, wir bedanken uns für Ihre

Aussage, aber verreisen sie nicht, und melden sich bitte täglich bei mir auf dem Revier."

„ Davon dürfen sie ausgehen, ich werde nicht verreisen und ich werde mich täglich nach dem Ermittlungsstand erkundigen, so wahr ich hier sitze."

Ich stand auf und verließ das Zimmer. Schilling und die beiden anwesenden Herren steckten ihre Köpfe zusammen, sie sprachen leise miteinander, dann trat Schilling vor die Tür.

„ Ja, Sie sind ja noch immer hier!"

„ Jetzt reicht`s aber! Ja glauben Sie vielleicht, dass ich nach Hause laufe. Ihr habt mich hergeholt, dann fahrt ihr mich gefälligst auch wieder nach Hause.
Und morgen schicken Sie mir diese beiden Rüpel vorbei, die sollen meinen Schrank und meine Wohnung wieder aufräumen!"
Langsam hatte ich die Nase gestrichen voll, von Schilling und diesem jungen karrieregeilen

Staatsanwalt, und von unserem ganzen Rechtssystem. Gleich morgen wollte ich zu Rechtsanwalt Aldig. Er sollte prüfen, ob ich mit Sergejs Brief meine Unschuld im Fall Mickler beweisen konnte, und wenn ja, ob ich nicht Anspruch auf eine Haftentschädigung habe.

Eine junge Polizistin, die gerade Nachtschicht hatte, fuhr mich nach Hause.
„Würde es Ihnen was ausmachen, wenn Sie mich kurz noch in meine Wohnung begleiten würden?“, fragte ich freundlich.
Etwas verwundert, ging sie mit. Ich hatte so ein komisches Gefühl und ich sollte Recht behalten.
Die Wohnungstür stand offen, die Schränke, alles was, Türen und Schubladen hatte, war ausgeräumt und lag auf dem Boden verstreut.

Die junge Polizistin: „Ja, um Himmels Willen, waren das meine Kollegen? Wollten Sie deshalb, dass ich mitkomme und mir das ansehe?“

„Nein! Das waren nicht Ihre Kollegen, ganz so toll haben die nicht gewütet, ich weiß schon, wer das war.“

„ Soll ich im Revier anrufen! Wollen Sie eine Anzeige erstatten ?“

„ Nein, das würde nichts bringen, es reicht schon aus, wenn Sie vielleicht ein paar Bilder und einen Bericht dazu machen.“

„ Entschuldigen Sie Herr Frank, das eine geht nicht ohne das andere.Wenn ich einen Bericht schreiben soll, dann muss ich auch eine Anzeige aufnehmen.“

„ Wissen Sie was, rufen Sie einfach den Schilling an, der sagt Ihnen dann, was Sie machen sollen.“

Die junge Polizistin, ging zu ihrem Wagen, sprach über Funk mit dem Revier und kam kurze Zeit später mit einer Kameraausrüstung zurück.

„ Gleich kommen noch Kollegen, die sollen nach Fingerabdrücken suchen, hat der KHK-Schilling angeordnet.“

„Ha! Das kann er sich schenken, ihre Kollegen werden keine fremden Fingerabdrücke finden, das waren Profis, die ihr Handwerk verstehen.“

Es klang für die junge Polizistin sicherlich recht überheblich, aber sie hatte ja keine Ahnung, wer da meine Wohnung durchwühlt hatte, und ganz davon abgesehen glaube ich nicht, dass mein Ex-Schwiegervater sich selbst die Hände schmutzig machen würde, dafür hat er seine Stasi-Helfer. Mir war schon klar, was sie in meiner Wohnung suchten, und es war mein Glück, dass ich Sergejs Brief in meiner Jackentasche bei mir hatte. Es kamen nicht nur die Kollegen von der Spurensicherung, auch KHK-Schilling erschien höchst persönlich und machte sich ein Bild von meiner ramponierten Wohnung.

„ Was haben die wohl gesucht, Herr Frank?“, fragte er in ernstem Tonfall. Ihm war augenblicklich klar geworden, dass er mich vorhin zu grob behandelt hatte.
„Das hier ! Den Brief von Sergej haben sie gesucht.“

„ Was ist damit!? Kann ich den vielleicht mal lesen?“
„ Ich nehme an, das haben sie bereis getan, denn der wurde doch bereits von der Gefängnisaufsicht zensiert.“

„ Ja, Herr Frank, wie stellen sie sich denn das vor? Ich kann doch nicht die Post von all den Inhaftierten lesen, das ist Aufgabe der Gefängnisaufsicht.“

„ Aber wenigstens die Post von den Insassen, die sie unschuldig ins Gefängnis gebracht haben.“

„Geben sie schon her!“, raunzte Schilling.

„ Nur unter einer Bedingung! Sie geben mir den Brief gleich wieder zurück, und ich bringe Ihnen morgen eine Kopie vorbei.“

Ich war froh, dass sowohl die junge Polizistin als auch die Mitarbeiter von der Spurensicherung anwesend waren.
Er konnte mir den Brief jetzt nicht einfach wegnehmen, aber ich war mir sicher, er würde es versucht haben, wenn wir allein gewesen wären.

Ich sah, wie sich seine Nasenflügel weiteten, wie er die Luft anhielt, bis er an der untersten Zeile angekommen war. Er schaute sich das Kuvert an, hob es gegen die Deckenlampe um den Poststempel zu durchleuchten, drehte den Brief auf die Rückseite und senkte seinen Arm. Er sagte eine ganze Weile nichts, er schien zu überlegen und dann gab er mir den Brief zurück.

„ Herr Frank, das sind völlig neue Erkenntnisse, mir wäre es schon lieb, wenn sie mir den Brief gleich überlassen würden.“

„Morgen Vormittag Herr Schilling, morgen bekommen sie eine Kopie, denn solange ich den Brief habe, solange bleib ich auch am Leben.“

Komischerweise hatte ich eben ausgesprochen,   was mir selbst noch gar nicht bewusst war. Mein Ex-Schwiegervater wird alles daran setzen, um in den Besitz dieses Briefes zu gelangen, und gelingt es ihm nicht,wird er auch mich aus dem Weg raeumen. Mittlerweile war es 3 Uhr früh, KHK-Schilling und die junge Polizistin hatten sich wieder verabschiedet, und auch die Herren von der Spurensicherung packten gerade ihre Sachen zusammen.

Plötzlich pfiff einer durch die Zähne.

„ Nanu, was haben wir denn da!?“

Er hatte einen Plastikbeutel aus dem oberen Gefrierfach des Kühlschrankes gezogen. Ich brauchte gar nicht zweimal hinsehen, es waren die Umrisse

eines Revolvers und für mich stand augenblicklich fest, das war die Tatwaffe mit dem Bernhard erschossen wurde.
„ Würden sie Herrn Schilling nochmals zurückrufen?“, bat ich den Herrn.

„Das wird nicht nötig sein, wir nehmen den Revolver erst mal mit zur Untersuchung.“

Man brauchte kein Hellseher zu sein. Ich wusste, dass Bernhard Seidel damit erschossen wurde. Es war wieder dieselbe Vorgehensweise wie bei Mickler. Dieser Wahnsinnige, erschießt seinen künftigen Schwiegersohn, nur weil der sich mit mir unterhalten hat.

Er konnte doch gar nicht wissen, was ich Bernhard erzählt habe? Reichte ihm denn schon ein vager Verdacht, dass er deswegen Bernhards Leben auslöschen musste? Ist dieser Mensch so krank, dass er ihn erschoss, nur um mir wieder einen Mord anzuhängen? Warum hat er nicht mich erschossen? Ich dachte weiter

nach, woher wusste mein Ex-Schwiegervater denn überhaupt, wo ich wohne? Hat er mich überwacht? Mir war nichts aufgefallen. Nun, ich hatte auch nicht darauf geachtet und auch nicht damit gerechnet, dass er gleich nach meinem Besuch, ernst machen würde. War es Sergejs Brief, dass er so reagierte? Waren seine Verstrickungen im Fall Mickler so brisant, dass wenn sie aufgedeckt würden, er und seine ganzen Stasifreunde auffliegen würden?
Oder steckt da noch weit mehr dahinter? Womöglich hatte mein Ex-Schwiegervater auch bei diesem Mädchenschleuserring die Finger im Spiel. Je länger ich darüber nachdachte, um so unheimlicher wurde mir die Geschichte.

Ich fühlte mich unwohl, notdürftig verriegelte ich die Zimmertür und schob den Tisch noch zusätzlich davor.
An Schlaf war nicht zu denken, zu aufgeregt war ich. Vielleicht wäre es besser, die Wohnung zu verlassen? Aber wo sollte ich hin? Ich hatte gerade mal

30,-- Euro in der Tasche und die brauchte ich für die nächsten Tage, um Essen und etwas zum Trinken zu kaufen. Und wer würde mich denn mitten in der Nacht aufnehmen?“ Ich hatte keine Freunde mehr, die ich hätte bitten können. Die sogenannten Freunde waren allesamt abgetaucht als ich sie vor Jahren brauchte.

Erwin Zeitler, mein Zellennachbar aus dem Gefängnis fiel mir ein. Er wurde letztes Jahr entlassen. Ihn könnte ich vielleicht besuchen.

Kurz vor Mittag wachte ich auf und beim Anblick meines verstreuten Hausrates auf dem Fußboden, wurde mir schnell wieder klar, was geschehen war.

Nach dem späten Frühstück, welches aus zwei Toastscheiben mit Marmelade und einer Tasse Anrührkaffee bestand, machte ich mich auf den Weg zum Polizeirevier, denn ich hatte Kommissar Schilling ja versprochen, dass ich

Sergejs Brief zum Kopieren vorbeibringe.

„ Guten Morgen!“, begrüßte ich die Dame am Empfangspult.

„Ja bitte, was kann ich für sie tun?“, fragte sie neugierig und schaute auf mein Kuvert, welches ich vor mich gelegt hatte.

„ Wären sie bitte so freundlich und würden hiervon eine Kopie machen?“ Ich zog Sergejs Brief aus dem Kuvert.

„ Ja wo sind wir denn, sind wir neuerdings ein Kopiershop?“, gab sie mit barschem Ton zur Antwort.

Doch dies war zuviel fuer mich am frühen morgen, jetzt reichte es, heute war wirklich nicht mein bester Tag, ich hatte keine gute Laune nach dieser Nacht.

„Wie hier ist kein Kopiershop? Ja, wissen Sie nicht wie kopieren funktioniert? Dann bitte entschuldigen sie mein Ansinnen, aber sind sie doch so nett und richten dem KHK-Schilling aus, dass ich da war. Karlheinz Frank ist mein Name."

„ Ja warum sagen sie das nicht gleich?", flötete sie urplötzlich mit übertriebener Freundlichkeit.

„ Was meinen sie, dass ich eine Kopie möchte?"

„Nein, dass die Kopie für unseren KHK-Schilling ist."

„ Sie haben nicht danach gefragt, ich hätte Ihnen gern darüber Auskunft gegeben."
Ich hatte es so satt vor jedem kleinen eingebildeten Beamten zu buckeln oder stramm zu stehen.
Zwei ihrer Polizei-Kollegen, die den Schreibtisch in der Nähe vom Empfang hatten, hörten unserer Unterhaltung zu und kicherten im Hintergrund. Ich folgerte daraus, dass diese besagte Dame

mit jedem, der an ihr Empfangspult trat, so unfreundlich umsprang.

Auch KHK-Schilling hatte wohl etwas bemerkt. Sein Chef-Büro lag schräg gegenüber, und er konnte durch die Glastrennwand herüberblicken.

„ Kommen sie doch herein Herr Frank, ich warte bereits auf sie.“, rief er aus der offenen Tür, und gleichzeitig winkte er einem seiner Mitarbeiter zu.

„ Gut, dass sie da sind Herr Frank, wenn sie nicht gekommen wären, hätte ich sie abholen lassen.“

„ Was gibt es jetzt schon wieder?“, fragte ich erstaunt.

„ Dieser Revolver, den unsere Herren von der Spurensicherung in ihrem Kühlschrank fanden, wir haben ihn untersucht, mit ihm wurde Herr Seidel gestern Abend erschossen.“

„Ich hatte nichts anderes erwartet, Herr Schilling, denken sie doch mal nach, faellt ihnen denn nicht die Ähnlichkeit auf? Im Fall Mickler war es doch genauso, und woher soll ich so schnell einen Revolver gekauft haben, das ist doch keine Semmel, die man an jeder Ecke kaufen kann.“

„ Herr Frank, natürlich fällt mir das auf, aber für mich zählen nun mal nur Tatsachen. Es ist ihre Waffe, sie lag in ihrem Kühlschrank. Herr Seidel war ihr Nebenbuhler, er nahm ihnen ihre Frau weg, so was verkraftet nicht jeder, Herr Frank.“

„ Herr Schilling, mehr fällt ihnen dazu nicht ein? Sie haben doch den Brief von Sergej gelesen, merken sie denn nicht, dass da wieder einer an den Fäden zieht. Mein Ex-Schwiegervater war ein Stasi-Experte, einer der großen Zampanos, der will mich wieder ins Gefängnis bringen, und zwar für immer. Das hat er mir gestern schon angedroht!“

„Ei, Ei, Ei! Sie haben gestern auch ihren Schwiegervater besucht, dann Ihren Arbeitskollegen Seidel, und dann noch ihre Ex-Frau. Ich stelle fest, sie waren rege unterwegs. Warum denn die Eile?“

„ Damit mein Ex-Schwiegervater weiß, dass ich ihn diesmal überführen werde.“

„Toll, wie Sie das gemacht haben, Herr Frank. Jetzt haben wir dafuer eine Leiche mehr.“

Schilling trommelte mit den Fingern auf dem Tisch, schwieg einen Moment lang, nahm dann die Kopie von Sergejs Brief nochmals in die Hand und las erneut.

„ Tja, Herr Frank, was mach ich nur mit Ihnen ? Eigentlich dürfte ich Sie nicht gehen lassen, wieder sind sie der einzige Hauptverdächtige.“
Er überlegte einen Moment. „ Dieser Brief von diesem Sergej. Ich will da gleich noch mal mit dem Staatsanwalt reden.“

Schilling war an einen Punkt gekommen, wo er nicht mehr weiter wusste.

„ Herr Frank, sie können gehen, aber sie halten sich bitte zur Verfügung.“

Noch während ich das Gebäude verließ, reifte in mir der Gedanke, so schnell wie möglich zu verschwinden. Nicht, dass ich Angst vor meinem Ex-Schwiegervater hatte.
Nein, die größte Angst hatte ich wieder vor der Unfähigkeit dieser Polizei und dieser Staatsanwaltschaft.
Auf die Schnelle müssen sie ja wieder einen Täter präsentieren und da kommt ihnen der ehemaliger Knacki Karlheinz Frank gerade recht.

Erwin Zeitler fiel mir wieder ein. Ich kramte in meiner Jackentasche nach meinem kleinen Notizbuch, das ich ständig bei mir trug.
Erwin war ein ehemaliger Zellennachbar. Ein blonder schmächtiger Typ so um die 30, sah aber um 10 Jahre älter aus, da er an heftiger

Glatzenbildung litt. Ihn störte es nicht mehr, er hatte sich damit abgefunden und war immer bester Laune. Wegen diverser Kleinigkeiten, unter Bewährungsauflagen, und zuletzt wegen Unterschlagung eines LKW-Transporters, den er geleast hatte, ihn dann aber aus Geldnot nach Polen weiter verkaufte, dafuer musste 3 Jahre einsitzen. Erwin wohnte bei seiner Mutter, er war wieder Single. Seine Verlobte hatte sich, während er noch im Knast saß, mit sämtlichem Mobiliar auf und davon gemacht.
Es war Erwins Mutter, die sich da am Telefon meldete, als ich seine Nummer wählte.

„ Zeitler!",sagte eine freundliche Stimme.

„Guten Tag, Frau Zeitler, mein Name ist Frank. Ich bin ein Freund Ihres Sohnes. Ist Erwin zu sprechen?"

„ Ah, sie sind wohl ein Freund aus dem Gefängnis!?" Ihrem Tonfall konnte ich entnehmen, dass sie es gar nicht gut fand, dass ein Spezi aus dem Knast ihren Erwin sprechen wollte.

„ Was wollen Sie denn von meinem Erwin?“, fragte sie neugierig.

„ Etwas ganz persönliches Frau Zeitler. Garantiert nichts Unanständiges. Sie müssen sich keine Sorgen machen.“

„ Ach, sind sie vielleicht der mit der kleinen Tochter? Erwin hat mir davon erzählt. Sie können den Erwin im LKW anrufen, auf seinem Handy.“

Ich notierte Erwins Handynummer, bedankte mich, und rief Erwin an.
„ Hallo Erwin!“ Mehr brauchte ich nicht sagen, Erwin antwortete gleich: „Hab gestern schon mit deinem Anruf gerechnet, wie geht's dir denn, mein Alter? Wollen wir uns treffen?“

„ Deswegen ruf ich dich an. Bin gerade in der Innenstadt, wann und wo können wir uns sehen?“

„ Nun, wenn du willst in der nächsten halben Stunde, beim Alex am Rathaus, da kann ich am besten parken. Ich fahr einen 7,5 Tonner mit weißem Kühlaufbau. Ja, wenn du Zeit hast, kannst du auch mitfahren. Ich muss nur noch zwei Paletten ausliefern.“

„ Zeit! Erwin, die habe ich zur Genüge, mehr als mir lieb ist.“
Es war ein herzlicher Empfang. Erwin umarmte und drückte mich so heftig, dass mir die Luft wegblieb, so freute er sich über unser Wiedersehen. Erwin zählte zu dem kleinen Kreis von Häftlingen, mit denen ich mich während der Gefängniszeit angefreundet hatte. Er war der Lustigste in unserer Gruppe und immer zu Späßen aufgelegt. Ich konnte ihn gut leiden, denn immer, wenn es mir nicht gut ging und ich depressiv war, hatte er mich wieder aufgemuntert.

„Jetzt komm schon, Karlheinz. Erzähl schon, was gibt es fuer Neuigkeiten, fang endlich an.“ Und so erzählte ich ihm von den Ereignissen der letzten 24 Stunden.

„Ei! Ei! Das hört sich aber gar nicht gut an. Ich glaube, du solltest für eine gewisse Zeit abtauchen!“

„Dasselbe hab ich auch gedacht, aber ich brauch etwas Geld, damit ich mir eine Bahnfahrkarte kaufen kann.“
„Ist kein Problem mein Freund, hast du denn jemanden, bei dem du auf die Schnelle unterkommen kannst?“

„Ja, hab ich, bei den Großeltern kann ich unterkommen. Die würden sich sogar riesig freuen, wenn sie mich endlich wieder sehen.“

Noch am selben Abend saß ich im Nachtzug nach München. Erwin hatte mir 300,- € geschenkt. Er bestand darauf, sonst hätte er mir kein Geld gegeben. Nur wenige Reisende saßen im Zugabteil, und kaum hatten wir den Hauptbahnhof verlassen, war ich eingeschlafen. Zwei Stunden später muss es gewesen sein, als

ich wieder aufwachte. Zuerst bemerkte ich nicht, dass mein Rucksack fehlte, erst als ich mein belegtes Brötchen essen wollte, stellte ich fest, dass der Rucksack weg war. Ich schaute in die Runde, fluchte und schimpfte laut vor mich hin, doch keiner der Mitreisenden hatte den Diebstahl beobachtet, alle hatten sie gelesen oder vor sich hingedöst.
Es war nichts Wertvolles darin, nur? Verdammt! Sergejs Brief! Der einzige Beweis, den ich hatte, und der war nun verschwunden.
Ich dachte nach: „ Kommissar Schilling, Gott sei Dank, der hat ja eine Kopie davon.“

Nun, es war nicht mehr zu ändern, der Rucksack würde nicht mehr auftauchen, entweder der Dieb hat ihn längst zum Fenster hinausgeworfen, oder er war bereits ausgestiegen.
Es war kein Tag zu früh dass ich aus Berlin verschwand, denn der Staatsanwalt hatte beschlossen, mich doch in U-Haft zu nehmen. Ihm reichte die Tatsache, dass man den Revolver in

meinem Kühlschrank fand. Und der einzige Zeuge, der bestätigen konnte, dass ich mit Bernhard Seidel zur U-Bahnstelle gelaufen bin, der wurde als nicht glaubhaft eingestuft, da er zu diesem Zeitpunkt stark angetrunken war.

KHK-Schilling stand mit zwei seiner Mitarbeiter am nächsten Morgen vor meiner Wohnung, und als niemand antwortete, öffnete er die unverschlossene, schräg in den Angeln hängende, Wohnungstür.

„Verflucht der Vogel ist ja bereits ausgeflogen!“, schimpfte er.

Der Zeiger der Uhr im Hauptbahnhof München rückte gerade auf 7 Uhr, als eine Lautsprecherstimme ertönte: „Hauptbahnhof München.“

Im Halbschlaf hörte ich „ München“ und schreckte von meinem Sitz auf. Ich schaute durchs Fenster und stellte fest, dass ich mich nicht verhört hatte.

Eilig stieg ich aus und spazierte durch die doch schon recht belebte Bahnhofshalle. Mein Magen knurrte. Ich steuerte auf einen Verkaufsstand zu, denn eine warme Butterbrezel und eine dampfende Tasse Kaffee, das war jetzt genau das Richtige für mich. Ich kaufte noch eine Tageszeitung um die Wartezeit zu überbrücken, denn der Anschlusszug nach Burghausen fuhr erst in einer Stunde. Kurz nach 10 Uhr traf ich dann in Burghausen ein. Burghausen an der Salzach, dem Grenzfluss zu Österreich. Die Stadt mit der längsten Burg Europas kannte ich wie meine Westentasche, denn immer wenn ich bei den Großeltern zu Besuch war, fuhr ich mit Opas Moped in die Stadt. Im Sommer zum Freibad, und manchmal abends ins Kino, oder das eine oder andere Mal auch in die Disco. Viel war ja nicht los in der Stadt mit ihren 19.000 Einwohnern. Doch die Kleinstadt hatte auch ihre Vorteile, die gleichaltrigen Jugendlichen kannte ich nach kurzer Zeit fast alle, und kaum war

ich mal wieder zu Besuch auf dem „Sternhof" eingetroffen, hatte es sich auch gleich herumgesprochen.
„Der Enkelsohn vom Sternhof-Bauern" ist wieder da.
Es war daher auch nicht verwunderlich, als ich jetzt durch die Altstadt spazierte, dass mich der Eine oder die Andere grüßend zunickte. Ich fand es angenehm und fühlte mich zu Hause.
Ich ging in einige Geschäfte, kaufte Rasierzeug, Wäsche zum Wechseln und noch weitere Kleinigkeiten, wie ich sie in meinem Rucksack dabeihatte.
Mein Weg führte dann unbewusst am Gasthof Posthorn vorbei. Es war kurz vor Mittag und der Biergarten war schon geöffnet. Touristen, meistens Wanderer, saßen an den Tischen.
Ich setzte mich an einen der freien Tische, blätterte in der Speisekarte und wartete auf die Bedienung.

Ich war etwas nervös, denn Ulrike, die Haustochter vom Posthorn, sie war meine heimliche Jugendschwarm, und oft war mit unserer Klicke hier gewesen. Ich erinnerte mich noch genau, dass ich jedesmal versucht hatte, sie ins Kino einzuladen. Ich schmunzelte vor mich hin und versank in längst vergangenen Zeiten.

„Wissen Sie schon was Sie möchten?“, fragte eine freundliche Frauenstimme. Ich schaute auf und es elektrisierte mich. Vor mir stand tatsaechlich Ulrike, die Ulrike an die ich eben dachte. Sie schaute verdutzt. Ich merkte wie sie nun überlegte, und dann fragte sie nochmals:

„Wissen sie schon was sie möchten?“

Verlegen blickte ich auf die Speisekarte zurück und gab zur Antwort:
„ Ja, ich weiß es schon, aber so wie ich dich kenne, willst du auch diesmal nicht mit mir ins Kino gehen!“

Ulrike lachte laut! „Karlheinz! Du? Mein Gott! Wie lange habe ich dich nicht mehr gesehen?“, sagte sie und setzte sich neben mich und fasste nach meine Hand.

Noch bevor ich antworten konnte, fuhr sie fort. „Gell, das sind doch bestimmt schon mehr als 10 Jahre her."
Ich schwieg weiter, schaute sie nur an und lächelte.

„ Bist bei den Großeltern zu Besuch?"

Ich brachte kein Wort hervor. Merkwürdiges passierte da gerade mit mir, und ich war froh, als jemand vom Nachbartisch rief: „ Fräulein!"

Ulrike drehte sich um: „Ja, ich komm sofort." und zu mir zugewand: „Dass du mir ja nicht davon läufst! "

Zwischenzeitlich hatte ich mich wieder gefangen, und als Ulrike zurückkam, strahlten ihre Augen.

„ Wissen deine Großeltern schon dass du kommst ?

„Nein, ich möchte sie überraschen.“, sagte ich.

„Magst einen Rostbraten?“

„Wow! Ulrike, über all die Zeit hast du mein Lieblingsessen nicht vergessen!“

Ulrike wurde verlegen und ging schnell zum Nachbartisch.
15 Minuten später war sie wieder zurück und stellte mir einen beladenen Teller mit Röstkartoffeln und Rostbraten, dazu einen Salatteller und ein Weizenbier auf den Tisch. „Heut bist mein Gast. Einen Guten Appetit wünsch ich dir!“
Sie setzte sich gegenüber und schaute mir wortlos beim Essen zu. Nach einer Weile fragte sie: „ Soll ich dich nachher zum Sternhof fahren ?“

Jetzt ergriff ich ihre Hand und sagte: „ Wie könnte ich so ein Angebot ausschlagen, ich habe doch schon immer auf so eine Gelegenheit gewartet.“

„Freue dich ja nicht zu früh.“

„Gott, welch eine Vertrautheit, welch Zuneigung erfahre ich da gerade!“, dachte ich.
Nach dem Essen nahm Ulrike die leeren Teller auf. Ich bedankte mich nochmals recht herzlich, und fragte: „ Du Ulrike, besteht die Möglichkeit, dass ich mich rasieren kann.“

„ Natürlich ist das möglich, natuerlich, komm mit!“

Ich folgte ihr zur Rezeption, sie nahm einen Zimmerschlüssel vom Bord wir fuhren mit dem Aufzug in den 3.Stock. Sie öffnete ein Doppelzimmer, prüfte im Bad, ob frische Handtücher vorrätig waren und meinte: „ Du kannst hier wohnen und bleiben so lang du magst.“

„ Du Ulrike, ich hab nicht genug Geld, ich ……“, mehr konnte ich nicht mehr sagen, Ulrike kam auf mich zu, küsste mich und sagte leise:
„Ich weiß alles von dir.“

Gegen 15 Uhr war ich reisefertig und kam hinunter zur Rezeption. Ulrike gab gerade noch Anweisungen an das Personal, dann verließen wir zusammen das Gebäude über den Hinterausgang.

Ein weißer Land-Rover stand fahrbereit auf dem Hotel-Parkplatz. Die Wagentür war weit geöffnet und hinter dem Lenkrad saß ein kleiner Junge, etwa 6 Jahre alt. „Darf ich dir meinen Sohn vorstellen.“ sagte Ulrike voller Stolz. „Er heißt Micha, Michael wie sein Großvater. Dir ist es doch Recht wenn er uns begleitet?“ Ulrike schaute fragend.

„ Aber natürlich ist es mir recht! Ein hübscher Junge ist er!“

„ Ja, gehst schon zur Schule?“ ,fragte ich neugierig.

„Erst nächstes Jahr. Die Mama meint, ich soll lieber noch ein Jahr spielen. Aber ich kann schon rechnen und schreiben.“, fügte er hastig hinzu.

Wir scherzten noch einige Minuten, dann setzte sich Ulrike ans Steuer und wir fuhren los. Kaum waren wir die ersten Killometer gefahren, da meldete ich Bedenken an:
„ Ulrike, ich glaube ich will doch noch nicht zu meinen Großeltern,
lieber würde ich noch ein paar Tage mit euch beiden verbringen, was meinst du?“

Ulrike schaute zu ihrem Sohn. „Was meinst du Micha, machen wir heute einen Ausflug auf die Burg?“
Ihm schien es egal zu sein, das Wichtigste für ihn war, dass sich seine Mutter endlich mal wieder Zeit für ihn nahm. Also parkten wir den Wagen unterhalb der Burg und spazierten den langen Fußweg hoch.

Micha rannte meistens vorne weg, und ich nutzte die Zeitspanne und fing an meine unendliche Geschichte zu erzählen. Einiges war Ulrike aus den Medien bekannt, doch sie kannte nicht die tatsächliche Version. Sie war

erschüttert, weinte, zitterte, und dennoch wollte sie, dass ich weiter erzähle.
Micha war ganz verwirrt, ganz selten hatte er seine Mutter weinen sehen.
Doch als er sah, dass ich Ulrike in die Arme nahm, ihr auf die Stirn küsste, war er gleich wieder beruhigt.

Auch Ulrike hatte einiges zu erzählen.
Sie war seit 3 Jahren geschieden. Doch ihrem Sohn zuliebe pflegte sie ein freundschaftliches Verhältnis zu ihrem Ex-Mann Hartmuth, der in Burghausen Leiter der Polizeidirektion war.

Wir waren längst oben auf der Burg angekommen, durch das Erzählen war uns der lange und beschwerliche Weg gar nicht so mühsam vorgekommen.
Nur Micha war platt, er hatte durch das ständige Hin- und Herrennen ja auch die doppelte Wegstrecke zurückgelegt. Also machten wir Rast und kehrten in der Burgschänke ein. Ulrike und ich kannten die Burg schon in und auswendig, schließlich waren wir als Jugendliche oft

genug auf der Burg, doch für Micha war es ein tolles Erlebnis.

Besonders die Ritterrüstungen hatten es ihm angetan und so nahmen wir vom Souvenirladen all die Postkarten mit, auf denen ein Ritter abgebildet war.

Nach über drei Stunden war Schluss. Micha hatte es sich bequem gemacht. Er saß auf meiner Schulter und ließ sich den Rückweg hinunter tragen. Ulrike und ich hielten uns an der Hand, wie frisch Verliebte, schwiegen, und jeder war in Gedanken versunken.

Ulrike war die Erste die das Schweigen beendete: „Nun Karlheinz wie denkst du über uns beide?“, fragte sie mit leiser Stimme. Mit allem hatte ich gerechnet, nur nicht mit so einer Frage, doch nicht schon am ersten Tag unseres Wiedersehens.

Ich spürte ihre Zuneigung, ihre ehrliche Liebe, doch konnte ich sie annehmen, jetzt wo es in meinem Leben nur

Unordnung gab? Ich merkte, wie sie auf eine Antwort wartete.

„ Es wäre zu schön, Ulrike. Bist du dir denn sicher, dass du an meinem chaotischen Leben teilhaben möchtest. Ich muss doch erst wieder Ordnung in mein Leben bringen. Ja, wenn alles vorbei ist, dann freue ich mich auf mein neues Zuhause, das verspreche ich dir."

„Was willst du versprechen?", fragte Micha neugierig. Ich antwortete: „ Ich will dir versprechen, dass ich dich künftig immer ins Bett bringe."

„ Ich will aber nicht ins Bett!", schimpfte Micha und verzog beleidigt sein Gesicht.

Ulrike lachte, Karlheinz meint, er will dir immer eine Geschichte vorlesen, nicht wahr?

„ Klar doch, Micha, genauso hab ich es gemeint, jeden Abend eine Geschichte." Richtig warm wurde es mir ums Herz, als ich sah wie der Junge sich freute. Sollte ich tatsächlich wieder eine Familie bekommen, wieder das Glück haben geliebt zu werden?

Den Abend verbrachten wir im Kreis der Familie. Ulrike erzählte ihrer Mutter, dass ich früher immer in den Ferien zu Besuch bei meinen Großeltern war, und dass ich mit dem Moped vom Opa oft nach Burghausen herunterkam, und dass ich stundenlang im Biergarten saß, nur um sie zu sehen.
Mir war nicht entgangen, wie die Mutter, sie war Mitte 70 und seit Jahren schon Witwe, bei Ulrikes Erzählung schmunzelte.
Ich denke, dass sie sich noch ganz genau an den jungen Burschen erinnern konnte.
Es waren herrliche Tage die ich hier verbrachten. Jeden Morgen, wenn ich erwachte, schaute ich nach Ulrikes schwarzem Lockenkopf, um mich zu vergewissern dass es kein Traum war.

Am heutigen Tag hatten wir uns vorgenommen, meine Großeltern zu besuchen, und so fuhren wir am frühen Nachmittag gemeinsam mit Micha, der unbedingt mit wollte, zum Sternhof.

Eine schmale staubige Schotterpiste, bespickt mit tiefen Schlaglöchern, fuehrte von der Hauptstraße steil ansteigend zum Sternhof hinauf. Von weitem war der weiße Land Rover schon zu sehen, Opa Wilfried hatte sich bereits von seiner Holzbank erhoben und schaute neugierig, wer da wohl zu Besuch kommen wollte. Es hatte sich doch niemand angemeldet, dachte er.

Wir hatten angehalten und stiegen aus. Langsam verzog sich der aufgewirbelte Staub. Micha hatte die hintere Wagentür geöffnet und kletterte bereits aus dem Kindersitz.

Opa Wilfried kam näher. „Karlheinz! Bist du das?“, seine Stimme klang heiser, sie vibrierte. Er schaute noch immer ungläubig zu mir hin, und dann war es auch schon geschehen.

Ich konnte ihn gerade noch auffangen bevor er den Boden berührte.

„Aber Opa! was machst du denn für Sachen. Du sollst dich doch freuen, wenn ich dich besuchen komme.“

„ Ach Bub, ich hab jeden Tag gebetet, dass ich noch solange Leben darf, bis du zurückkommst.“ sagte er mit weinender Stimme.

„ Opa, was redest du nur für dummes Zeug, du wirst 100 Jahre alt werden und noch mit deinen Urenkeln spielen.“

Ein Aufschrei war zu hören, dann schepperte Porzellan auf dem Boden.

„Ja, ist das wahr! Unser Bub ist wieder zu Hause!“ schrie die Oma aus der Küche.

Was folgte war Heulen und Zähneklappern. Micha konnte gar nicht verstehen, was da vor sich ging, und es dauerte Minuten, bis sich alle wieder einigermaßen beruhigt hatten.

„ Gell Oma, wir haben jeden Tag gebetet, dass der Bub wieder kommt.“, sagte der Opa.
Mein Gott tat das gut. Diese lieben alten Menschen hatten nur noch den einzigen Wunsch, mich wiederzusehen.
Erst jetzt fand ich Zeit, Ulrike und Michael vorzustellen.

„ Wie heißt denn mein Urenkel?“, fragte die Oma. Sie war mittlerweile 93 Jahre alt, schon etwas dement, aber sonst bei bester Gesundheit.

„ Micha heiß ich.“, sagte Michael.

„ Komm Micha, sag der Uroma, sag dem Uropa Grüß Gott!“
Micha war sich der Tragweite eines Urenkels gar nicht bewusst, er grüßte brav, ließ sich drücken und abbusseln und wusste nicht, wie ihm geschah.

„ Wer jault denn da so fürchterlich?“ fragte Micha neugierig und schaute sich suchend um.

„ Ja, wer denn schon, unser Harro! Ich glaub, der hat Karlheinzs Stimme erkannt.“, meinte der Opa, ging und öffnete die Küchentür.
Dieser alte, fast blind gewordene Bernhardiner, er wedelte mit dem Schwanz und pieselte vor lauter Freude.
Er sprang an Karlheinz hoch,
heulte und jaulte und kam nicht zur Ruhe.“

„Oma!“, sagte der Opa. „Hast du so was schon mal erlebt, so hat er sich noch nie angestellt, der Harro.“
Micha war fasziniert von diesem großen Hund und fragte: „ Darf ich ihn streicheln?“

„Natürlich! Du kannst sogar mit ihm spazierengehen, komm der Opa gibt dir die Hundeleine.“, sagte ich.

„Der Harro hat doch gar keine Leine, der läuft frei herum, entweder er geht freiwillig mit oder er bleibt einfach sitzen.“, sagte der Opa, und lächelte.

Wir gingen in die Stube, setzten uns nieder und ich musste ihnen von meiner Arbeit bei Siemens erzählen. Von all den anderen Geschehnissen wussten sie nichts und sollten sie auch nie erfahren. Es würde sie umbringen, die beiden alten Leute.

Micha war draußen geblieben beim Hund. Er wollte sich den Bauernhof ansehen, und wir hörten ihn immer wieder rufen: „ Harro, komm! Komm, Harro!“

Wir konnten ganz beruhigt sein, hier oben auf dem Hof da war die Welt noch in Ordnung, hier konnte er spielen und auskundschaften, so wie ich es früher als Kind machte.
Oma und Opa hatten für die Bewirtschaftung des Hofes ein Ehepaar eingestellt, die täglich kamen und Haus

und Hof in Ordnung hielten. So hatte es meine Mutter vor Jahren bestimmt, weil die Großeltern ihren Hof nicht verlassen wollten.

Großmutter und Ulrike richteten unterdessen den Kaffeetisch.

Und mir fiel ein, dass ich dem Schilling versprochen hatte mich zu melden, so nützte ich die Wartezeit und rief vom Wohnzimmer, vom Festanschluss, an.

„ Ja, um Himmels Willen, wo stecken sie denn, Herr Frank, wir suchen sie bereits!“, rief Schilling.

„ Ja, wieso suchen sie mich? Dafür besteht doch gar kein Grund.“

„ Tja, Herr Frank, sie sollten umgehend bei mir im Büro erscheinen, es gibt da noch einige Ungereimtheiten, die geklärt werden müssen.“

„ Aber ich hab Ihnen schon alles gesagt, mehr kann ich beim besten Willen nicht zur Aufklärung beitragen.“

„ Herr Frank, nicht ich, der Staatsanwalt will mit ihnen reden. Sie sollten also gleich herkommen.
Wo stecken sie denn überhaupt? Ach, ich sehe es auf dem Display, Moment Mal, wieso sind sie in Bayern?
Das ist aber verdammt weit weg, Herr Frank, das war so nicht abgesprochen.“

„Herr Schilling, ich habe hier zu tun.
Ich bin auf Arbeitssuche, so schnell kann ich hier nicht wieder weg, ich brauche mindestens noch eine Woche, sagen sie das ihrem Staatsanwalt.“

„Herr Frank, ich kann sie nur warnen, wir holen sie, wenn sie nicht umgehend hier erscheinen. Habe ich mich klar genug ausgedrückt?“

„ Herr Schilling, sie wollen mir doch nicht schon wieder drohen.

Wollen sie mich etwa wieder einsperren, und sich ein zweites Mal blamieren?“

Ich hörte nicht mehr, wie Schilling lautstark in den Hörer brüllte, ich hatte aufgelegt und ging zurück in die Kueche, wo die anderen bereits um den Tisch saßen und auf mich warteten. Ulrike schaute mich fragend an, als wollte sie wissen was es für Neuigkeiten gibt. Doch ich konnte nicht vor Oma und Opa darueber reden. Wir verbrachten dann noch einige Stunden mit den Großeltern und dann verabschiedeten wir uns mit dem Versprechen, in Kürze wiederzukommen.

Kaum dass wir im Wagen saßen, fragte Ulrike, was es zu berichten gäbe, und in wenigen Worten erklärte ich ihr, dass ich wohl nicht mehr lange hierbleiben könnte, denn sonst würde der Schilling mit einer Polizeitruppe anrücken.

„Musst du denn wirklich zurück gehen?“, fragte Ulrike mit traurigem Blick.

„Ja, ich denke, ich muss, denn ich möchte vermeiden, dass man schlecht über dich redet, so wie: „Hast du schon von Ulrike gehört, sie lebt neuerdings mit einem ……., du weisst was ich meine?“

Waren wir Stunden zuvor ein verliebtes Paar mit Zukunftsträumen, so schien es, dass unsere Träume wie eine Seifenblase zu zerplatzen drohten, und so vermieden wir, weiter über das Thema zu reden.
Am nächsten Morgen, wir saßen noch gemütlich am Frühstückstisch zusammen als ein Polizeiwagen auf dem Parkplatz anhielt.
Ein Polizist stieg aus, und Ulrike sagte: „Oh! Das ist Hartmuth, komisch, was will er heute schon hier, es ist nicht sein Besuchstag.“

Ich kannte Hartmuth, bzw. wir kannten uns, Hartmuth war etwa 3 Jahre älter als ich und in einer Kleinstadt wie Burghausen war es unmöglich, sich nicht zu kennen. Wir waren nicht direkt

dicke Freunde, doch wir respektierten uns.
Ulrike war aufgestanden und ihm entgegengelaufen. Sie dachte, sein Besuch würde ihr gelten, doch er grüßte nur kurz und gab mir mit einem Blick zu verstehen, dass er mit mir reden wolle. Wir begrüßten uns, gingen einige Schritte abseits, und er berichtete mir ohne Umschweif, dass er am gestrigen Abend einen Telefonanruf aus Berlin erhalten habe, mit der Bitte sich doch mal nach einem Herrn Karlheinz Frank, der wohl derzeit auf dem Bauernhof seiner Grosseltern verweile, zu erkundigen.

In so einer Kleinstadt hatte es sich sehr schnell herumgesprochen, dass Ulrike wohl einen neuen Freund hatte, und so konnte er zwei und zwei zusammenzählen und annehmen, dass ich wohl hier im Gasthof anzutreffen wäre. Wir unterhielten uns kurze Zeit, dann kamen wir überein, dass er Schilling melden würde, er habe mich auf dem Bauernhof nicht mehr angetroffen.

Von meinem Aufenthalt hier im Gasthof würde er nicht berichten. Dennoch gab er mir den Rat, in den nächsten Tagen doch wieder nach Berlin zu reisen, um die Angelegenheit im Interesse aller zu klären.

Hartmuth begrüßte nun seinen Sohn, der mittlerweile im Polizeiauto saß und an allen möglichen Knöpfen drückte und drehte, und auf sein Betteln hin, mit Papa mitfahren zu dürfen, willigte Ulrike wohl oder übel ein.
Micha würde nicht verstehen, dass er üblicherweise mitfahren durfte, nur eben heute nicht. So genossen Ulrike und ich die Zweisamkeit, denn wir hatten vieles, noch vieles zu besprechen.
Händchend haltend schlenderten wir durchs Städtchen und sahen viele freundliche Gesichter, die uns anerkennend zulächelten.

Es folgten weitere wunderschöne Tage, bis ein Anruf vom Polizeirevier uns wieder auf den Boden der Tatsachen zurückholte. Ulrike überreichte mir das Telefon: „ Für dich, es ist Hartmuth.“ „Was gibt es für Neuigkeiten, Hartmuth?“, fragte ich.

„Karlheinz, ich weiß nicht, ob es wichtig für dich ist, doch ich wollte dich gleich darüber informieren.“

„ Komm, sag schon was los ist.“

„Ja Karlheinz, du weißt ja, eine Kleinstadt wie die unsere, da sprechen sich Neuigkeiten sehr schnell herum, und so wissen die meisten Leute, dass du mit Ulrike zusammen bist, was ich selber auch akzeptiere. Nun aber zum Wesentlichen, vor wenigen Minuten rief mich der Seppel von der Aral-Tankstelle an und erzählte, dass eine wild aussehende 6er Gruppe von Motorbikern sich nach dem Bauernhof von deinem Opa erkundigt haben, und das gefällt mir ganz und gar nicht. Also erzaehl mir, was wollen die von dir .“

„Oh mein Gott! Sorry Hartmut, ich hab keine Zeit mehr dir das alles zu erklären, ich muss sofort zum Sternhof, ich muss los.“
„ Was ist los, Karlheinz, warum musst du zu den Großeltern?“, fragte Ulrike ganz aufgeregt. „Liebe, liebe Ulrike, ich muss los, kann ich deinen Wagen haben ?“

„ Nein, Karlheinz. Ich geb dir nicht den Wagen, nicht bevor du mir genau erzählt hast, was im Moment da vor sich geht.“

„Bitte Ulrike, es zählt jede Minute. Da ist eine Rockergruppe unterwegs zum Sternhof, und die werden den Großeltern garantiert was antun, nur um zu erfahren, wo sie mich finden können.“

„Aber was wollen die von dir, du hast mir nichts von einer Rockerbande erzählt?“

„ Ja, Ulrike, die waren in der Vergangenheit nicht auf meinem Radar, aber langsam sehe ich da einen

Zusammenhang. Bitte Ulrike, halte mich nicht laenger auf, ich muss los."

Ulrike fing an zu weinen, warf mir wortlos den Autoschlüssel vor die Füße und rannte aus dem Zimmer.
Noch während ich unterwegs zum Hof der Großeltern war, telefonierte Ulrike mit ihren Ex-Mann „ Du musst ihm helfen Hartmuth. Bitte! Ruf deine Leute zusammen und verhindere ein Unglück."

„ Ja, Ulrike, wie stellst du dir denn das vor, ich kann doch nicht alle meine Leute zusammentrommeln und auf Verdacht hin zum Sternhof fahren."
„ Aber Hartmuth, du hast ihn doch selbst angerufen. Du hast ihn doch eben vor diesen Rockern gewarnt. Du kannst doch jetzt nicht so tun, als könnte es sich um ein Kaffeekränzchen handeln. Also, wenn du nicht hinfährst, dann fahr ich hin."

Mit Höchstgeschwindigkeit war ich über die Landstraße gerast. Kopflos ohne einen Plan. Meine Gedanken, sie spielten verrückt:

„Was haben der Glatzen-Willy und seine Rockerfreunde vor? Woher wissen die überhaupt, wo ich mich aufhalte? Nur Schilling und der Staatsanwalt wissen, wo ich bin. Verdammt, stecken die denn alle unter einer Decke? Wie passt das alles nur zusammen? Nachtbar, Bordell, Mädchenhandel, Rauschgift, Hundekämpfe. Mickler – Hiller – Sergej – Glatzen-Willy – Schilling – Staatsanwalt, wo war da der gemeinsame Schnittpunkt?“ Ich fand keinen Zusammenhang.

Gerade hatte ich die Landstraße verlassen und befand mich auf dem steinigen Weg hoch zum Sternhof.
Ich musste das Tempo verringern, denn ein Schlagloch folgte dem anderen.

„Hoffentlich sitzt der Opa nicht auf der Bank.“, dachte ich, denn er sollte nicht sehen, wie ich die alte Schrotflinte aus dem Stall hole, und ich hatte Glück, Opa befand sich im Haus, irgendetwas hatte er ja immer noch zu tun.

Ich parkte den Wagen rückwaerts vor den Stall und sprang aus dem Wagen. Die Tür vom Stall war wie gewöhnlich nicht verschlossen, und so dauerte es keine 3 Minuten, da hatte ich die Schrotflinte samt einer Schachtel Munition bereits im Kofferraum des Wagens verstaut.
Ich eilte zum Haus hinüber, denn ich konnte ja nicht einfach wieder davonfahren.

„Hallo Oma , Opa! Ich bins, Karlheinz, wo seid ihr?“ , rief ich im Hausflur.

Die Antwort kam aus einem der Kellerräume. „Hier unten, wir sind aber gleich fertig und kommen nach oben.“
Unterdessen schaute ich nervös vom Küchenfenster aus ueber den Hof, denn ich musste ja jeden Augenblick damit rechnen, dass diese Rocker hier auftauchten.
Die Großeltern kamen mit einem Korb voll Einmachgläsern in die Küche. Oma schnaufte laut und sagte: „Ich will doch Marmelade kochen, bevor wieder alle Früchte an den Sträuchern verfaulen.“

„Ja, ja,“, meinte Opa, „ob sie an den Sträuchern verfaulen, oder die Marmelade in den Gläsern verdirbt, das kommt wohl auf's Gleiche heraus.

Aber sag mal, da hat ein Hartmuth vor 5 Minuten angerufen und hat gefragt, ob du schon da bist? Der war ganz aufgeregt. Um was geht es denn?“

„Ach der Hartmuth, Oh! Den hab ich total vergessen, mit dem bin ich ja verabredet. Meine Güte, da hab ich doch tatsächlich den Tag verwechselt. Ulrike wird ihm gesagt haben, dass ich zu euch wollte.“

„Ja, gibt’s was Besonderes, brauchst was?“
„Nein, nein Opa, ich wollte nur Michaels Fahrrad reparieren, aber das kann auch noch ein paar Tage warten. Also ihr Lieben, dann muss ich leider gleich wieder los, wenn der Hartmuth bereits auf mich wartet.“

Ich sprang in den Wagen und fuhr los.

„ Was ist denn mit dem Karlheinz los, so vergesslich war der doch früher nicht?“, meinte der Opa.

„ Da hat er doch einiges von dir mitbekommen. Du hattest sogar mal ein Rendezvous mit mir vergessen,
da kannst du dich wohl auch nicht mehr erinnern, was?“, antwortete Oma.

Ich war langsam vom Hof gefahren, bis ich mich außer Sichtweite befand, und dann raste ich die Schotterpiste hinunter bis zur Weggabelung, die zum alten Steinbruch abzweigte. „Der Steinbruch! Ja, der Steinbruch ! Ich werde sie in den Steinbruch locken!“ schoss es mir durch den Kopf.
Als Kind war ich öfters mit meinen Freunden hier, wir hatten heimlich hier geraucht und sonstiges dummes Zeug angestellt.

Nach einem Killometer erreichte ich den verlassenen Steinbruch. Außer einer alten verrosteten Steinbrecheranlage war nichts brauchbares mehr vorhanden. Nur das Gelände war noch genauso, wie ich es in Erinnerung hatte. Der große kreisrunde Wendeplatz, auf dem die LKW's früher rangierten, und die steil ansteigende Steinwand, deren Steinqualität allerdings nicht mehr zum Abbau taugt. Kein Mensch kam mehr hierher, nicht mal um Müll abzuladen, denn dafür war der Weg von der Stadt hierher viel zu weit.

Ich fuhr mit durchdrehenden Reifen im Kreis und dann den Weg wieder zurück zur Weggabelung. Rangierte dort und parkte den Wagen mit laufendem Motor so, dass er nicht zu übersehen war.
Dann lud ich die Schrotflinte mit zwei Patronen, legte sie auf den Beifahrersitz und steckte noch weitere Patronen in die Hosentasche.

Eilig nahm ich mein Handy, wählte die Durchwahlnummer von Hartmuth und rief an.

„ Polizeirevier Stadt Burghausen, sie sprechen mit Hartmuth ....

„Ich bins, Karlheinz, ich steh mit meinem Wagen an der Wegabzweigung zum alten Steinbruch. Wenn du mir helfen willst dann komm so schnell wie möglich zum Steinbruch, wenn nicht, dann kannst du auf meine Beerdigung kommen.“

Ich hatte ihm gar keine Zeit gelassen für eine Antwort. Hartmuth wusste nun, wie ernst die Lage war.
Es dämmerte schon leicht, als ich von weitem die ersten Motorengeräusche der schweren Motorräder hörte. Ich stieg aus dem Wagen und lief ihnen einige Meter entgegen, nur soweit, dass sie mich gut erkennen konnten.

Den ersten Biker, den ich erkannte, war Glatzen-Willy. Nun spurtete ich los, sprang in den Wagen und mit aufheulendem Motor raste ich davon.

Im Rückspiegel sah ich, wie sie mir in der aufgewirbelten Staubwolke folgten. Ich erreichte den Steinbruch, fuhr den ersten Kreisel in der Wendeplatte, fuhr den zweiten Kreisel, bis sie wie an einer Perlenschnur alle hinter mir herfuhren, dann abrupt blieb ich mitten in der Ausfahrt stehen.

Auch sie parkten ihre Motorräder, nahmen ihre Helme ab und warteten.

Ich stieg langsam aus dem Wagen. In der rechten Hand hielt ich die Schrotflinte. Ich hob sie an, zielte über ihre Köpfe hinweg und drückte ab. Es machte Klick und auch beim zweiten Mal, Klick.

„Verdammt, damit hatte ich nicht gerechnet, diese Scheisspatronen, die sahen doch wie neu aus. Ich warf die Flinte zur Seite und gab dabei ein jämmerliches Bild ab.

„Da hast du uns aber einen furchtbaren Schrecken eingejagt mit deiner alten Schrot-Flinte. Dabei wollten wir doch nur sehen, wie es dir geht“, sagte Glatzen-Willy, und fügte noch hinzu. „ Bei der Gelegenheit wollten wir noch einen kleinen Brief bei dir abholen. Du weißt doch sicherlich, wovon ich rede?“

„Ja, ja, ich weiß schon, ihr wollt den Brief von Sergej. Doch leider muss ich euch enttäuschen, denn bei der Bahnfahrt hierher hat man mir meinen Rucksack gestohlen, und da war auch der Brief drin.“
Glatzen-Willy räusperte sich: „Oh! Das wird aber deinem Ex-Schwiegervater nicht gefallen.“, sagt er leicht gereizt, dann griff er in seine Jackentasche, nahm sein Handy heraus und wählte.

Auch ich nützte die Gelegenheit, griff nach meinem Handy und drückte die Diktiertaste und steckte es wieder ein. Irgendwie hatte ich ein komisches Gefühl, dass etwas aus dem Ruder zu laufen drohte. Verdammt, verdammt, wo Hartmuth nur so lange bleibt, er müsste doch schon längst zu hören sein, er weiß doch wo ich bin.“

Glatzen-Willy war einige Schritte abseits gegangen, aber dennoch konnte ich noch gut verstehen, was er zur Antwort gab.

„ Ok, für Hundert machen wir's."

Danach kam er einige Schritte auf mich zu, fuchtelte mit einer Pistole vor meinem Gesicht umher, und berichtete dabei seinen Freunden:
„ Der Hiller sagt, 100.000,-- sind unser, wenn wir ihn gleich hier erledigen.

Wer von euch hat den Mumm dazu?"

Plötzlich betretene Mienen in der Gruppe, einen Auftragsmord hatten sie wohl bisher noch nicht ausgeführt.

„Dachte ich mir fast!", schnautzte Glatzen-Willy in die Runde. „Dann muss ich das eben auch noch selbst erledigen."

„ Hör mal Willy, du musst mich nicht umlegen wegen so einem blöden Brief, der bleibt für immer verschwunden.

Ich hab ihn nicht mehr und zudem hat der Hauptkommissar Schilling eine Kopie davon, sag das mal meinem Ex-Schwiegervater“

Wieder ging Willy einige Meter abseits, zückte erneut sein Handy und telefonierte.

„ Der Kerl sagt eben, der Schilling hätte eine Kopie von dem Schreiben.“

Ich konnte nicht hören, was mein Ex-Schwiegervater antwortete, nur vermuten,
und nachdem Willy antwortete:
„Natürlich wollen wir uns die 100.000 € verdienen, keine Frage.“

Da hatte ich Gewissheit, sie werden es tun. „Ich muss die Kerle hinhalten bis Hartmuth da ist,“ mein Gott.

„ Ihr sechs bekommt lebenslänglich, für das, was ihr vorhabt. Das ist euch doch klar, oder etwa nicht? Ihr macht die Drecksarbeit für meinen Ex-Schwiegervater und der wäscht seine

Hände in Unschuld. Aber eines muesst ihr mir noch vorher erklaeren, warum erzählt euch der Hauptkommissar Schilling, wo ihr mich finden koennt?“

Wieder lachten die Biker:
„ Der hat‘s noch immer nicht kapiert, der Knallkopf.“, jauchzte einer.

„Ob Schilling oder dein Ex, das ist doch das Gleiche. Dein Ex-Schwiegervater war der Obermacher bei der Stasi, und der Schilling war einer seiner engsten Mitarbeiter,

doch der war so clever und ist gleich nach der Wende bei der Kripo untergeschlupft. Und der geile Staatsanwalt, der dich anklagt hat, der ist befreundet mit den beiden und besucht regelmäsßig den Privatpuff von Mickler, ohne zu bezahlen. Verstehst du nun, du Looser!“

„Und was habt ihr kleinen Lichtlein bei der ganzen Sache zu tun?“, sagte ich um das ganze Gespräch noch weiter in die Länge zu ziehen.

„Kleine Lichtlein!“, schrie einer der Biker zurueck. „Ohne uns geht gar nichts, wir besorgen die Weiber und reiten sie ein!“

Was folgte war ein wilden Gelächter.

„Haltet endlich euer Maul ihr Idioten, das geht doch den gar nichts an!“, schrie Glatzen-Willy, denn dem dämmerte es langsam, dass ich Unruhe in die Gruppe bringen wollte. Ihm dauerte das alles jetzt schon zu lange, er wollte dem ein Ende machen.

„Schluss jetzt! Geh auf die Knie!“, schrie er mich an.

Ich schaute mich um, schaute nach oben zum Rand des Steinbruches, und im selben Moment hörte ich auch schon Hartmuths Stimme über den Handlautsprecher.

„Hier spricht die Polizei. Sie sind umstellt. Werft euere Waffen auf den Boden und stellen euch an die Wand.“

Dann ging alles schnell. Ein Polizeibus kam angebraust, Polizisten sprangen heraus und dann klinkten die Handschellen ein. Widerstandslos ließen sich die 6 Rocker abführen.

Ich hatte gar nicht mitbekommen, dass auch noch ein Sanitätswagen hinter dem Polizeibus herfuhr, bis ich die Stimme von Ulrike hörte: „Karlheinz ! Karlheinz bist du in Ordnung? Ist dir auch wirklich nichts passiert?“

Wir nahmen uns in die Arme, drückten und küssten uns. Nach einer Weile vernahmen wir hinter uns die Stimme von Hartmuth: „Sorry Karlheinz, es ging wirklich nicht früher, ich musste doch erst noch meine Mannschaft zusammentrommeln und den Marschplan besprechen. Aber eines muss ich dir sagen. Hätten wir früher hier nicht gespielt, dann wäre das heute garantiert nicht so glimpflich ausgegangen.“

Ich versuchte daraufhin zu lachen, was mir allerdings ziemlich misslang.

Tags darauf überschlugen sich die Ereignisse in Berlin. Die 6 Rocker in der Untersuchungshaft, hatten „gezwitschert“ wie die Vögelein, und am folgenden Tag war in der Berliner Morgenpost zu lesen:

„ Ein ehemaliger, hochrangiger Ex-Stasi-Mitarbeiter hat sich in seiner Wohnung erschossen. Nähere Hintergründe sind derzeit nicht bekannt.“

Weitere Wochen danach erschütterte eine Säuberungswelle die obere und mittlere Führungsebene der Polizei. Alle wichtigen Positionen wurden nochmals auf ihre frühere Stasitätigkeit hin untersucht, und so manch einen, wie auch den Hauptkommissar Schilling, holte die Vergangenheit ein.

Printed by Books on Demand GmbH, Norderstedt / Germany